LA QUESTION JUIVE

ET LE PÉRIL JUIF

ARTICLES PUBLIÉS EN 1905

LA QUESTION JUIVE

*Quel trajet fait depuis. La-haine, c'est l'esprit fanatique qui la
met dans les cœurs.*

C. DE SAINTE-CROIX.

MISE AU POINT NÉCESSAIRE

LA QUESTION JUIVE

LE PÉRIL JAUNE

(ARTICLES PUBLIÉS EN 1905)

MISE AU POINT NÉCESSAIRE

LA QUESTION JUIVE

Un philosophe humoriste a dit : « Les chrétiens qui affectent de mépriser les juifs manquent tout à fait de logique, puisqu'ils en ont choisi un pour en faire leur Dieu. »

Si c'est là une jolie phrase, c'est avant tout un amusant paradoxe. Les chrétiens sont fort logiques, au contraire, en *combattant l'esprit rabbinique*, puisqu'ils ne font que continuer contre lui une lutte que le *Christ a commencée* et soutenue sans défaillance jusqu'à la mort.

Pour peu qu'on les étudie, on verra que l'esprit de l'Ancien Testament, d'où procède la mentalité juive, et l'esprit du Nouveau, dont se réclame la morale chrétienne, sont si différents qu'ils ne peuvent conduire qu'à deux civilisations opposées et doivent fatalement rendre adversaires ceux qu'ils animent. En effet, tandis que la crainte, l'orgueil, le mépris et la haine — la crainte de Dieu, l'orgueil de faire partie de son peuple, le mépris et la haine des gentils — sont au fond de toute âme juive, *la confiance en Dieu, l'amour et la charité font seules les âmes chrétiennes.*

Nous disons *âmes chrétiennes* et non *âmes catholiques*, parce que, pour nombre de penseurs, les deux mots ont présenté parfois un sens très différent. De nombreux, sinon de bons esprits, estiment en effet que, fort souvent, au cours de l'histoire, on a vu la mentalité catholique s'éloigner de la mentalité chrétienne non seulement au point de se rapprocher singulièrement de la mentalité juive, mais de descendre quelquefois fort au-dessous. Ils citent notamment à l'appui de ce jugement le mouvement de réaction religieuse relativement récent, qu'ils qualifient volontiers de révolutionnaire, dans lequel s'est lancée l'Église de Rome et qui s'est traduit d'abord par la publication du *Syllabus* (8 décembre 1864) et complété ensuite par la proclamation, au concile de 1870, du dogme nouveau de l'infaillibilité du pape. Ils trouvent que le geste des Antonelli et des Pie IX ([1]) rappelle beaucoup plus celui d'un grand prêtre de Jéhovah, le Dieu qui ordonne, qu'il ne convient au vicaire de ce Christ pacifique qui ne cessa d'affirmer *que son royaume n'était pas de ce monde*, qui toujours s'attacha non à forcer les consciences, mais à persuader, à toucher les âmes et les cœurs, laissant aux intelligences non seulement la plus absolue liberté, mais leur ouvrant encore, par la pureté

---

1. Pie IX, pendant tout son pontificat, s'est efforcé de régenter les consciences catholiques.

Il a tranché dans un certain nombre d'encycliques une foule de questions, dans le but de s'opposer à la marche des idées modernes, et cela avec une autorité singulièrement intransigeante.

Les plus célèbres de ces encycliques sont les suivantes :

L'encyclique *Nostis et nobiscum* (8 décembre 1849), dans laquelle il condamne les doctrines ocmmunistes et socialistes ;

L'encyclique *Quanto cɔnficiamur* (10 août 1863), dans laquelle il affirme ses droits sur le domaine de saint Pierre ;

L'encyclique *Quanta cura* (8 décembre 1864), dans laquelle il condamne le principe du naturalisme, qui consiste à écarter le plus possible la religion du gouvernement des peuples, et les théories de la liberté des cultes, de la liberté de la presse, de l'indépendance de l'État à l'égard de la religion et de l'Église. Cette encyclique était accompagnée d'un *Syllabus*, recueil de propositions que le pape avait réprouvées. Ce document est divisé en dix parties. Les quatre premières ont pour titres des noms de systèmes : naturalisme, rationalisme, socialisme, communisme, etc. Les six dernières concernent des erreurs diverses touchant la société civile, la morale, le principat civil du pontife romain, le libéralisme moderne.

Le *Syllabus* eut un immense retentissement. Le gouvernement impérial défendit aux évêques de le publier sous forme de mandements ; on s'insurgea contre lui de toutes parts au nom de la liberté, du progrès et des idées modernes.

Le désir d'imposer sa doctrine ne fut certainement pas étranger à la convocation du concile du Vatican, qui proclama le dogme de l'infaillibilité du pape.

Par la suite, Léon XIII a essayé de calmer le mouvement de révolte de la société moderne contre la papauté qui suivit les actes d'autorité intransigeante de Pie IX. Les deux encycliques les plus remarquées qu'il publia dans cet esprit sont : l'encyclique *Rerum novarum* (1891), sur la condition des ouvriers, et sa lettre de 1892 aux catholiques français qu'il exhorte à faire leur soumission à la République tout en reconnaissant leur droit de combattre la législation qui blesserait leur conscience.

philosophique, l'idéale beauté et l'ampleur de sa doctrine, le champ de réfléxions le plus fécond et le plus vaste.

Quelques-uns vont même jusqu'à dire ce geste du même ordre que celui que fit Mahomet lorsque, avec les prescriptions de son Coran, il voulut, lui aussi, *discipliner ses fidèles pour les lancer en fanatiques à la conquête du monde*, geste d'autant plus néfaste, celui-là, qu'il a eu des résultats plus étendus et assuré l'abrutissement d'une notable partie de la population du globe, en lui donnant pour maîtres les esclaves d'un texte aride.

Nous ne sommes plus au temps de Mahomet. A notre époque de libre examen, la foi aveugle et fanatique ne fait plus de conquêtes durables. Aussi le geste de Pie IX a-t-il moins bouleversé le monde.

Il a exaspéré, il est vrai, jusqu'au schisme les « vieux catholiques » suisses et allemands. Malgré les consciencieuses et éloquentes protestations anticipées de nos Dupanloups grands et petits (¹) qui en vain ont essayé de l'arrêter, il a aussi amené en France une lutte déplorable entre les pouvoirs spirituel et temporel, lutte que l'habileté et la haute intelligence d'un Léon XIII n'ont pu même empêcher d'aboutir à une réaction épuisante ; mais la violence et le fanatisme de cette réaction en rendront les résultats éphémères et, en dernière analyse, le fond des âmes gallicanes se trouvera avoir été par ce geste moins profondément troublé qu'on ne pourrait le craindre. Si, grâce à lui, l'Église de France compte à l'heure actuelle nombre de fidèles auxquels leur conscience ne permet de *se dire catholiques que dans la mesure où ils estiment que cela leur est possible sans cesser d'être chrétiens*, leur quiétude d'esprit n'en paraît pas ébranlée. Certains de

---

1. Quelques-uns de ces défenseurs des libertés gallicanes ont été fort loin dans leurs polémiques et, non contents de combattre avant sa promulgation le dogme de l'infaillibilité, nécessaire pour donner force de loi aux déclarations du *Syllabus*, ils ont toujours énergiquement refusé de se rallier aux décisions du concile de 1870. Les gens curieux de juger de l'ardeur de ces luttes religieuses peuvent lire les ouvrages de l'abbé Michaud, docteur en théologie, publiés par Fischbacher, 33, rue de Seine, à Paris. Les principaux sont les suivants : *l'Esprit et la lettre dans la morale religieuse ; Guignol et la Révolution dans l'Église romaine ; les Faux Libéraux de l'Église romaine ; Le Mouvement contemporain des Églises; de l'État présent de l'Église catholique romaine en France ; Comment l'Église romaine n'est plus l'Église catholique ; la Papauté antichrétienne ; Étude stratégique contre Rome.*

leur bonne foi, ils comptent sans doute sur la parole du Maître :
« Paix aux hommes de bonne volonté. »

Un prêtre de nos amis, l'abbé P..., possède exactement cet état d'âme. Son nom est bien connu de tous les érudits, car ils l'ont trouvé au bas des ouvrages sur « les origines des religions » qui font aujourd'hui autorité en la matière. Chrétien à la vie sans tache, mais surtout à l'âme d'apôtre, il vient de publier en tête d'un ouvrage de controverse religieuse ([1]) une déclaration qui peut servir à faire voir clairement ce que nous entendons par âme chrétienne. En voici le texte :

« On ne naît pas chrétien comme on naît juif ou musulman ; on le devient. Le christianisme n'est pas une société, ni même une religion proprement dite, l'est un état d'âme.

« *Quelle que soit la forme du culte que l'on professe, n'en professât-on aucun, on peut être chrétien, si l'on vit selon les règles strictes de la charité, de la justice et de la vérité.*

« Quiconque fait le bien toujours, partout et envers tous, est *chrétien de fait*, quand les dévots le considéreraient comme un impie.

« Demandez à un catholique romain : « Êtes-vous chrétien ? » Il vous répondra : « Oui, je le suis. » Demandez à un orthodoxe : « Êtes-vous chrétien ? » Il vous répondra : « Oui, je le suis. » Demandez aux membres des différentes Églises orientales ou sectes protestantes des deux mondes : « Êtes-vous chrétiens ? » Ils répondront tous : « Nous le sommes. » Et chacun même prétendra l'être plus que ses voisins. Et toutes ces Églises, toutes ces sectes se détestent, s'attaquent, se déchirent avec frénésie, elles n'ont pour leurs adversaires que des cris de rage et les vociférations de l'anathème.

---

1. *La Rénovation religieuse*, par un serviteur du Christ (Fischbacher, éditeur). La morale de cet ouvrage est évidemment d'une charité et d'une beauté sublimes, mais l'auteur y fait preuve d'une largeur d'esprit si peu habituelle qu'elle en est un peu déconcertante. Il remonte directement, pour appuyer ses dires, aux sources des Évangiles et les commente avec une absolue indépendance et un complet mépris non des dogmes, peut-être, mais au moins des enseignements habituels de l'Église. Aussi a-t-on en le lisant l'impression très nette que, s'il avait écrit il y a trois siècles, il aurait fort probablement fait connaissance très intime avec les bûchers des inquisiteurs.

« C'est à cela qu'on vous reconnaîtra pour mes disciples, a
dit le Maître : *si vous vous aimez les uns les autres.* » (Saint
Jean, XIII, 35.)

« Comme ces Églises manquent *toutes* de charité, *aucune n'est
chrétienne.* Ce sont des *écoles de morales* très précieuses, nécessaires même pour donner la notion du devoir; mais elles n'atteignent point à la *hauteur chrétienne,* bien qu'elles puissent renfer-
mer des chrétiens.

« *Un bouddhiste, un musulman, un païen vertueux, humain,
dévoué à ses semblables est plus près de Dieu qu'un sectaire hai-
neux et hypocrite.* »

La mentalité chrétienne, telle qu'elle est définie par les termes
de cette déclaration, n'a rien de commun avec la mentalité juive.

Le Dieu des juifs, Jéhovah, est un dieu orgueilleux, capricieux
et terrible, imposant *par la crainte* un rigorisme de mœurs sans
poésie, attachant à la forme extérieure une importance qui tend à
faire de l'*hypocrisie une sorte de vertu,* ayant enfin pour les gens
habiles, sinon fourbes, une indulgence presque aussi grande que
Mercure lui-même. Infiniment moins gai et moins poétique que
les dieux de l'Olympe, il a sur eux la supériorité d'incarner l'idée
de la divinité unique, mais comme eux il fait songer à cette réflexion d'un humoriste : « Si Dieu a fait l'homme à son image,
celui-ci le lui a bien rendu. »

Le Dieu que nous révèle la pure doctrine du Christ (¹) est tout
différent.

Quel rapport le Dieu de Justice, d'Amour et de Miséricorde
que nous montre l'Évangile peut-il avoir en effet avec celui qui
ordonne à Abraham, sous prétexte d'épreuve, d'égorger froidement de sa propre main son unique enfant?

Peut-on établir la moindre comparaison entre l'idée que se
faisait le Christ de la morale et celle que s'en font les juifs,
quand on les voit citer *à sa louange* l'acte de *Jacob s'entourant
les bras d'une peau de bête, afin d'abuser de la cécité de son* vieux
père, *pour lui escroquer sa bénédiction paternelle, au détriment*

---

1. *Deus est charitas.* (Première épître de saint Jean, IV, 8.)

de son frère aîné ? — Faut-il surtout que le patriarche Jacob ait eu de Dieu une idée différente de celle que nous en avons, pour escompter l'effet heureux d'une bénédiction ainsi obtenue !

Ces conceptions si différentes de l'esprit divin ont produit les effets différents qu'elles devaient logiquement produire.

Tandis que la doctrine du Christ a rapidement séduit et conquis le monde, la sévérité maussade des rabbins juifs et leur morgue hautaine ont toujours empêché la religion de Moïse de faire des prosélytes dans les populations ambiantes.

Mais, si le peuple de Dieu a été condamné à l'isolement par son esprit d'orgueil, grâce à la pureté de ses mœurs, à son esprit de famille, il n'a pas tardé par contre à croître sur lui-même et à multiplier, malgré les conditions misérables où l'ont souvent réduit ses instincts querelleurs. Sa conviction d'être l'élu de Dieu son obéissance aux ordres du grand prêtre, tant qu'elle a été aussi aveugle que celle d'Abraham aux ordres de Jéhovah, lui ont donné en outre une fierté d'allure, une cohésion, des qualités combatives de premier ordre qui en ont fait jadis un voisin au moins aussi redoutable que déplaisant. On se tromperait étrangement si l'on prenait pour le type primitif de la race le type servile et abject produit par deux mille ans d'esclavage que présentent actuellement les juifs de nombre de nations. A l'époque de la destruction de Jérusalem, si aucun peuple n'était plus divisé, plus pillard, plus arrogant, plus entièrement possédé de la soif de l'or que le peuple juif, aucun n'était de sang plus beau, d'esprit plus orgueilleux et plus guerrier ; aucun ne se montra jamais dans aucun temps plus férocement brave pour défendre son indépendance.

Si l'on veut s'en rendre compte, il suffit de lire l'ouvrage documenté que nous a laissé le comte Frantz de Champagny sur *Rome et la Judée* ([1]).

L'horreur profonde que ce catholique fervent professe pour les juifs empêche dé suspecter son témoignage, bien qu'il éprouve parfois, et pour ainsi dire malgré lui, une vive admiration pour leur héroïsme.

---

1. Le Goff et Cie, éditeurs, 1858.

Comme il nous paraît nécessaire de fixer complètement le lecteur sur ce que le monde aura à attendre ou à craindre de l'énergie de la race juive, quand elle sera parvenue à soulever tout à fait le couvercle du tombeau où le démon de la servitude, à la main si déprimante et si lourde, fait depuis vingt siècles de vains efforts pour l'étouffer, nous allons mettre sous ses yeux un extrait de cet ouvrage, suffisant pour l'édifier.

Pendant que Titus assiégeait Jérusalem, Jean de Giscala et Simon, maîtres, l'un dans le quartier du temple, l'autre dans la citadelle de Sion, tout en résistant aux Romains, se faisaient entre eux une guerre acharnée. Cette lutte fratricide, facilitant la tâche de Rome, lui permit, en sériant ses efforts, de s'emparer du temple d'abord, de Sion ensuite. Champagny va nous parler de ces deux assauts et nous fixer de façon saisissante sur l'état d'âme de l'ancien peuple juif, en nous racontant les atrocités qui marquèrent la fin de Jérusalem :

« On s'étendait pour attendre la mort dans les rues et sur les toits ; on jetait au temple un dernier regard et on attendait que la faim eût fait son œuvre. La maladie y aidait souvent, mais, auprès de la faim, elle jouait un si faible rôle que Josèphe en parle à peine. Les plates-formes des maisons, les places étaient remplies de cadavres ; certaines maisons devenaient tout à coup silencieuses comme des cimetières et n'étaient plus habitées que par des morts. On ne pleurait pas, on ne regrettait pas, on n'ensevelissait pas. Ceux qui erraient par les rues, pâles, hydropiques et enflés par la maladie, jetaient un regard d'envie sur ceux qui ne marchaient plus et ne souffraient plus... L'affreux courage des révolutionnaires ne fléchissait pourtant pas. Titus parlait encore de miséricorde. Josèphe errait encore autour des murs pour prêcher une dernière fois la soumission. Josèphe reçut une pierre qui le renversa. Les derniers survivants du pontificat et de la noblesse pouvaient encore être les négociateurs de la paix ; la proscription fut renouvelée contre eux. Quinze des chefs du peuple, un scribe, deux pontifes, et parmi ceux-ci Mathias, qui avait jadis ouvert à Simon les portes de Jérusalem, furent livrés au bourreau. Mathias ne demande d'autre grâce que celle de mourir avant ses trois fils. Sinon la lui refuse. Chez ces zélateurs si obstinés à proscrire, à combattre ou à mourir, que se passait-il?...

« Il semblait, dit Josèphe, qu'ils n'eussent ni corps ni âme, tant leur corps était insensible à la souffrance, leur âme à la pitié... Une certaine Marie, fille d'Éléazar, femme qui avait été opulente, dans l'égarement de la faim tua l'enfant qui était à ses mamelles, le fit cuire, en mangea une partie, et quand ses compatriotes armés, attirés par l'odeur, entrèrent chez elle, elle leur montra ce plat et leur en offrit froidement une part... »

« En face de ces calamités religieuses, de ces horreurs et de ces désastres, au moment de porter au temple le coup qui allait le détruire, Titus se demanda enfin si les Juifs ne pourraient pas être ébranlés. Dès le lendemain de la cessation du sacrifice, il envoyait Josèphe et d'autres après lui, au pied des murailles, parler non au peuple, mais au seul Jean de Giscala, qui était le maître du peuple. Il lui faisait offrir son pardon. S'il voulait à toute force combattre, Titus lui proposait de sortir avec ceux qui voudraient le suivre et de laisser au temple son intégrité et sa paix. « Jéru-« salem est la cité de Dieu, répondit Jean de Giscala, Jérusalem « ne périra pas. » Le peuple, témoin de cette entrevue, pleurait en silence et, subjuguée par son énergie, la multitude songea tout au plus à la fuite, nullement à la révolte, et surtout se résigna à la mort. Et Titus, jugeant sa conscience déchargée, protesta devant Dieu que c'étaient bien les Juifs qui préféraient à la paix le combat, à la liberté la servitude, à l'intégrité de la religion son abaissement, à l'abondance l'aliment horrible dont Marie venait de se nourrir : la ville qui avait été témoin d'un tel crime ne méritait plus de voir le soleil !...

« La dernière heure du temple fut une heure d'épouvantable destruction. Qu'on se figure accumulés dans cette enceinte du temple et du sanctuaire, équivalente à quelques arpents, les huit mille hommes de Jean et d'Éléazar, au moins six mille fugitifs, des centaines de lévités et de prêtres, et, se ruant au travers, dix mille ou vingt mille hommes peut-être, irrités par quatre mois de siège, ivrés de cupidité et de colère, exaltés par le carnage et l'incendie, ne reconnaissant plus ni le bâton du centurion, ni la voix de César, tuant enfants ou soldats, suppliants ou combattants. Le sol encombré de morts au point qu'on ne pouvait ni marcher sur le pavé ni même le voir. La rampe de cet autel, sur lequel depuis vingt-neuf jours le sang des agneaux ne coulait plus, inondée de sang humain ! Et avec tout cela l'incendie, propagé avec fureur, achevant de détruire les portiques, le trésor du temple, le sanctuaire, des monceaux d'or et de pierres précieuses !

« Il y eut un moment suprême où il parut, à voir de loin cette flamme immense, que toute la montagne de Moriah brûlait jusque dans ses racines. C'est alors qu'aux cris de fureur des soldats païens, aux hurlements des Juifs qui combattaient environnés de flammes, aux clameurs de cette multitude désarmée que les combattants juifs repoussaient vers les Romains, et les Romains vers l'incendie, répondit de la montagne voisine de Sion une acclamation de douleur qui retentit, selon Josèphe, jusque de l'autre côté de la mer Morte, dans les montagnes de la Pérée.

« Alors, des hommes agonisants de faim et depuis longtemps muets trouvèrent dans leur poitrine un dernier cri, lorsqu'ils surent que le temple périssait.

« Cependant, quelques survivants luttaient encore. Beaucoup, en voyant le temple embrasé, avaient cessé de combattre, s'étaient jetés dans les flammes ou s'étaient percés mutuellement, heureux de périr dans le temple et avec lui. Mais quelques prêtres s'étaient réfugiés sur un reste de muraille encore debout, épais de 8 coudées, ils y restèrent jusqu'à cinq jours ; la soif les contraignit de se rendre. Titus prononça que le temps de la miséricorde était passé et les fit tous mourir. Six mille hommes du peuple, femmes, enfants, vieillards, s'étaient réfugiés sous le portique extérieur du midi, le plus éloigné des attaques romaines. Avant que Titus eût pu décider de leur sort, le feu fut mis au portique et ils périrent tous dans les flammes. Quant aux débris des bandes armées, ils se réunirent, Jean de Giscala à leur tête ; ils parvinrent avec une incroyable énergie à percer les bataillons romains, gagnèrent le temple extérieur, puis le pont qui du temple menait vers Sion, furent reçus là par Simon, peut-être enfin réconcilié avec eux, afin qu'un peu plus tard Jérusalem livrât son dernier combat avec leur sang... Sion était la citadelle de Jérusalem, c'était derrière son admirable rempart que le roi Hérode avait abrité son palais et que s'abritait maintenant l'agonie de la liberté judaïque. Sauf les trois châteaux hérodiens de Massada et de Macheronte, encore occupés par l'insurrection, tout ce qui restait des Juifs indépendants était dans Sion. Simon et Jean étaient là, réconciliés enfin à leur dernier jour après tant de luttes, tant de souffrances, tant de soldats, de parents et d'amis tués auprès d'eux, à bout de force, non de courage.

« Ils étaient là avec quelques soldats et une polulation désarmée, encore immense, qui encombrait les maisons, mêmes les rues. C'étaient les derniers de ces réfugiés que tous les coins de la terre sainte avaient envoyés à Jérusalem. C'étaient les survivants de six cent mille morts dont Josèphe nous a parlé, ceux qui, après tant de désertions, n'avaient pas voulu ou n'avaient pas osé fuir, les plus acharnés à vivre et les plus acharnés à ne pas se rendre. Tout cela achevait misérablement de mourir, enviant ceux qui avaient eu le bonheur de périr dès le début du siège ou la consolation de succomber avec le temple... Jean et Simon demandèrent une entrevue à Titus. Elle eut lieu sur le pont qui passait au-dessus du ravin de Tyropœon, joignant le temple à la citadelle. La naissance de l'arche de ce pont est encore visible dans la muraille extérieure du temple. Ils s'abordèrent là, Jean et Simon d'un côté, Titus de l'autre; derrière ceux-là, une multitude de Juifs, haletants et inquiets; derrière celui-ci, des soldats romains irrités et que César avait peine à empêcher de lancer leurs javelots contre les Juifs. Titus parla le premier par un interprète. Il parla beaucoup de la mansuétude romaine, attribua à un sentiment d'humanité la lenteur calculée des opérations de son père, proposa un dernier pardon et offrit sa main droite en signe de paix. « Nous n'acceptons pas ta main, dirent les deux Juifs, nous avons « juré de ne jamais la prendre. Ouvre-nous seulement un passage « pour que nous, nos femmes et nos enfants puissions nous retirer « dans le désert. La ville te restera. » Titus, blessé de leur arrogance, rompit l'entrevue et fit proclamer par un héraut qu'il ne tendrait plus la main à personne et qu'il fallait maintenant se défendre ou mourir...

« Lorsque les Romains entrèrent, l'épée à la main et la rage au cœur, la faim et la maladie avaient cruellement avancé leur tâche.

En entrant dans certaines maisons, les pillards reculèrent d'horreur : elles étaient pleines de morts et ne servaient plus que de cimetières. Mais Jérusalem renfermait à la fois un peuple de vivants et un peuple de morts. On fouillait les maisons ; celles qui n'étaient pas pleines de cadavres étaient encombrées de fugitifs. On descendait dans les souterrains, ils rendaient par milliers des captifs et des morts. Une seule grotte renfermait deux mille corps ; l'infection fit d'abord reculer les plus hardis, mais on savait ces Juifs chargés d'or, et la cupidité l'emporta. Ailleurs, c'étaient des hommes affamés, pâles, moribonds, que l'on ramenait par centaines de dessous terre. La foule des vivants était épaisse comme celle des morts et s'il y avait quelque pitié pour ceux-ci, il n'y en avait aucune pour ceux-là. On massacra dans ces ruelles étroites de Sion tant qu'on rencontra un peu de chair humaine au bout de son épée. En même temps, on brulait, mais le sang, dit Josèphe, éteignait l'incendie ; à la nuit seulement, quand on eut massacré tout le jour, le feu reprit le dessus et le lendemain matin tout était en flammes... »

Jérusalem détruite, Massada abrita encore pendant deux ans les derniers défenseurs de l'indépendance israélite. Écoutez le récit terrifiant que Champagny nous fait de sa fin :

« Ce nid d'aigle était occupé par les sicaires. Un descendant de Judas le Gaulonite, Éléazar, fils de Jaïr, avait établi là sa bande armée, rançonnant le pays aux alentours, indifférent aux luttes de Jérusalem et se tenant fièrement debout après sa chute. Il n'avait plus là qu'une poignée d'hommes, mais leur courage et la puissance de leur situation les rendaient redoutables, et ce ne fut que la seconde année après la victoire de Titus que Flavius Sylva, successeur de Bassus, vint attaquer Massada... Quand le premier mur eut été renversé par le bélier, quand une seconde muraille élevée pendant le siège eut été détruite par le feu, quand les Romains, après une nuit d'attente, à l'aube du jour, s'approchèrent des murailles, tout se taisait ; seulement, le feu brûlait dans la citadelle. Ils jetèrent un cri comme celui dont ils accompagnaient les mouvements du bélier ; deux femmes seulement, sortant des couloirs souterrains où elles s'étaient cachées, vinrent à ce cri. Elles racontèrent ce qui s'était passé pendant la nuit. Éléazar avait rejeté toute idée de fuite ou de résistance. Il avait rassemblé ses hommes et leur avait proposé d'en finir par le suicide. On avait hésité, on avait versé quelques larmes ; l'éloquence d'Éléazar l'avait emporté. Ses auditeurs l'avaient interrompu ; « comme saisis « par une impulsion irrésistible et livrés à un démon », ils s'étaient hâtés à qui accomplirait ce tragique dessein. Ils avaient embrassé leurs femmes, donné à leurs enfants un dernier baiser et, tout en pleurant de désespoir, comme s'ils eussent obéi à une force étrangère, ils les avaient percés de coups. Pas un homme n'avait eu la pensée d'épargner ceux qu'il aimait. Ceux-là morts, ils avaient eu soif de les rejoindre. Ils avaient entassé toutes les richesses du palais pour les incendier, choisi au sort dix d'entre eux chargés d'égorger le reste, s'étaient étendus sur le sol à côté de leurs femmes encore palpitantes, avaient embrassé leurs cadavres et tendu la gorge à l'épée. Après avoir bravement tué tous leurs compagnons, les meurtriers avaient tiré au sort une seconde fois ; celui que le sort désigna avait tué les neuf autres et, sa tâche finie, après s'être assuré que personne ne restait vivant autour de lui, il avait mis le feu au palais, s'était percé de son épée et était tombé sur tous ces morts. Neuf cent soixante êtres humains avaient péri ainsi. Deux femmes qui, par bonheur pour elles, n'avaient là ni père ni mari, cinq enfants échapés à la sollicidude paternelle s'étaient caché, dans les souterrains et ce fut par eux que les Romains connurent cette horrible tragédie.

« L'insurrection judaïque se *terminait ainsi par une scène digne de son courage, digne aussi de sa frénésie.* Un descendant de Judas le Gaulonite fermait par sa mort la carrière de révolte et de meurtre que ses ancêtres avaient ouverte quatre-vingts ans auparavant. *Les Romains admirèrent ceux qui les avaient ainsi déçus...*

« On peut, d'après Josèphe, résumer ainsi les calamités de Jérusalem. La population qui, en temps ordinaire, se pressait à Jérusalem et autour de Jérusalem pour les fêtes de la Pâque était de trois millions ; dans cette dernière année, malgré la guerre, il dut t'y trouver réunis au moins douze cent mille âmes, fugitifs ou pèlerins. Sur ce nombre, quarante mille, originaires de la ville, firent leur soumission avant la fin du siège et reçurent leur liberté ; un grand nombre d'autres furent vendus comme esclaves. Voilà le compte des survivants. Quant aux morts, Josèphe, on se le rappelle, en compte six cent mille enterrés aux frais de la ville (cent quinze mille huit cent quatre-vingts par une seule porte et dans l'espace d'un mois et demi) ; à ce nombre, il faut ajouter les riches dont les familles payèrent les funérailles, ceux qui demeurèrent sans sépulture, ceux qui périrent dans les combats ou les massacres, et il ne craint pas de porter à onze cent mille le nombre des victimes pendant le siège...

« Josèphe nous donne le nombre des morts de Jérusalem, il ne donne pas celui des morts de toute la nation ; il doit être immense. Dans les guerres antiques, la mort contre les populations viriles, l'esclavage contre la population dés armée étaient de droit ; la servitude pour les premiers, la liberté pour les seconds étaient une grâce et les Romains, plus libéraux encore que les autres peuples de l'antiquité, accordèrent souvant cette grâce à des vaincus, rarement à des rebelles. En réunissant les chiffres partiels que donne Josèphe en différents endroits de son ouvrage, on trouve : tués par Florus à Jérusalem, 3 600 ; à Césarée, 10 000 ; à Syctopolis, 13 000 ; à Ascalon, 2 500 ; à Athénaïs, 2 000 ; en Égypte, 60 000 ; à Damas, 8 000 ; à Joppé, 8 400 ; sur une montagne, 2 000 ; dans un combat à Ascalon, 10 000 ; dans les embuscades, 8 000 ; à Japha, 15 000 ; sur le Garizim, 11 600 ; à Jotapat, 40 000 ; à Joppé, 4 200 ; à Tarichée, 6 500 ; prisonniers de Tarichée tués à Tibériade, 1 200 ; à Gamala, 5 000 ; à Giscala, 6 000 ; dans l'Idumée, 10 000 ; à Gerasa, 1 000 ; à Macheronte, 2 700 ; dans la baie de Jardés, 3 000 ; à Massada, 360 ; à Cyrène, 3 000 ; à Jérusalem, 1 100 000. Total, 1 337 060.

« Nous arrivons à un chiffre de 1 300 000 hommes, qui serait encore bien au-dessous du total réel.

« Par contre, Josèphe nous donne ici le total des prisonniers : il l'estime à quatre-vingt-dix-sept mille pendant toute la guerre et il ajoute que les marchés syriens furent encombrés de ces captifs. Trop nombreux pour être chers, trop indépendants pour faire de bons esclaves, les Juifs étaient une pauvre denrée, et il y a assez de vraisemblance dans la tradition chrétienne qui raconte que ces Juifs à qui le Seigneur avait été vendu pour 30 deniers étaient eux-mêmes vendus trente pour 1 denier. *Somme toute, si l'on compte les prisonniers et les morts, il n'est pas improbable que sur trois millions d'habitants la Palestine en ait perdu deux millions.* On peut donc dire avec Josèphe : « Jamais peuple depuis « le commencement du monde n'avait vu autant de crimes, jamais « cité n'avait tant souffert. »

Ainsi, au moment où le peuple juif s'est trouvé en lutte avec Rome, ses querelles religieuses, ses rivalités intérieures lui avaient fait perdre toute la cohésion qui faisait jadis sa force. Cependant, malgré le petit nombre de ses défenseurs, sa résistance à la conquête romaine fut si terrible que Titus, après avoir cédé à l'admiration que lui inspirait son héroïsme et essayé en vain, à plusieurs reprises, d'user de clémence, se vit contraint, pour le réduire, non seulement de détruire Jérusalem, mais encore de disperser sur toute la surface du globe ceux de ses membres qu'il n'avait pas été contraint de tuer. Ses qualités contribuèrent donc au moins autant que ses défauts à la profondeur de sa chute, ce qui porte les gens les moins superstitieux à voir le doigt de Dieu dans ses malheurs.

Depuis la dispersion des Juifs, deux mille ans ont passé et le monde étonné se demande *si, en voulant les lui donner pour esclaves, Titus ne les lui aurait pas donnés pour maîtres!*

Dispersés à l'infini par petits paquets, ils ont formé corps étranger partout où ils se sont trouvés, conservant leur autonomie tellement intacte que, s'ils essayaient de se grouper de nouveau demain, presque aucune famille ne manquerait à l'appel.

Mais ce groupement, ils n'ont aucune envie de l'opérer, car c'est leur dispersion qui a fait leur fortune. Grâce à elle, en effet, ils ont employé dans des conditions tellement favorables les procédés dont nous avons vu le patriarche Jacob leur apprendre l'usage, que le monde entier se trouve dans la triste situation d'Ésaü.

Au moment précis où nous commencions à nous rendre compte de la gravité de la position à laquelle ils nous ont réduits, un publiciste français, nouveau Pierre l'Ermite, s'est mis à prêcher la croisade antisémite. Son succès fut énorme, sa parole, venue à son heure, entraîna derrière lui, contre ces accapareurs, noblesse, clergé, classes moyennes, peuple, et mit, non seulement la France, mais le monde entier en révolution. Malheureusement, plus fougueuse que pratique, cette levée de boucliers a eu le résultat de bien des croisades. Elle a considérablement affaibli et troublé profondément le pays.

A-t-elle du moins enlevé quelque chose à la puissance juive?

Bien au contraire. La violence et l'injustice apparente des attaques dont ils étaient l'objet, en donnant aux juifs un faux air de victimes, leur ont attiré des sympathies qu'ils n'avaient pas, les âmes chevaleresques étant plus nombreuses en France que perspicaces. Ces attaques ont en outre doublé leurs forces, en opérant à nouveau leur concentration, et rendu momentanément aux rabbins, dont l'autorité commençait à être fortement entamée par le scepticisme moderne, un regain de pouvoir qui, mis par représailles à la disposition de l'élément révolutionnaire, lui a permis d'entreprendre dans de très favorables conditions la lutte religieuse et sociale à laquelle il avait toujours jusqu'alors essayé en vain de passionner le public.

Où cette lutte va-t-elle nous mener?

Tant que la science n'aura pas éclairci le mystère de nos origines et de nos fins dernières, l'idée scientifique ne pourra remplacer l'idée religieuse ([1]); aussi ceux qui, au nom de la science, font de bonne foi la guerre à toutes les religions sont-ils, quel

---

1. Les dirigeants de la Révolution ne s'y sont pas trompés, lorsque, pour abattre l'ordre privilégié du clergé, ils ont été amenés à s'attaquer à la religion catholique. Larevellière-Lépeaux, dans un mémoire fameux, après avoir posé la question : *Faut-il des dogmes et un culte religieux ?* y répond ainsi : « Je crois qu'il est impossible qu'un peuple puisse s'en passer; autrement, il se jettera dans les superstitions les plus grossières, parce qu'il trouvera toujours des charlatans pour effaroucher son imagination et vivre à ses dépens. Il y a plus; sans quelque dogme et sans aucune apparence de culte extérieur, vous ne pouvez ni inculquer dans l'esprit du peuple des principes de morale, ni la lui faire pratiquer. » Nous retrouvons cette idée exprimée en cent endroits, dans les considérants sur lesquels s'appuient les inventeurs de nouvelles *institutions* de l'époque révolutionnaire. Aussi, *leur grande affaire étant de détruire le christianisme*, ils se précautionnent d'un culte à mettre à sa place, non par conviction personnelle, mais parce qu'ils sentent que la seule tactique efficace consiste à combattre une religion par une autre. Nous voyons naître ainsi successivement le

que soit leur espoir, pour longtemps encore, sinon pour jamais, voués à la défaite. S'il est facile en effet de jeter le doute dans les âmes, au sujet de l'exacte réalisation dans l'au-delà des promesses contradictoires faites par les fondateurs de religions, promesses que leurs commentateurs ont parfois si malencontreusement et si puérilement précisées, il l'est moins, heureusement (¹), de prouver le néant de la vie future.

La lutte que nous avons vu entamer en choc en retour, comme corollaire à la campagne antijuive (²), serait donc en définitive

---

culte de la Raison, le culte de Marat, le culte de l'Être suprême, sous la Convention; celui de la théophilanthropie et le culte décadaire, sous le Directoire.

Après avoir ainsi dressé, en face de l'œuvre des siècles, élaborée lentement au fond de la conscience humaine, de beaux systèmes tout neufs qui nous laissent une opinion assez piètre de la mentalité de ceux à l'intention desquels on les a organisés, il restait à les imposer. Malgré le principe édicté par la loi du 3 ventôse an III et ainsi libellé : « L'exercice d'aucun culte ne peut être troublé; la République n'en salarie aucun », l'État s'est chargé de ce soin et il était merveilleusement outillé à cet effet. Il avait, en effet, « pour mettre ordre aux affaires de conscience comme aux autres, la ressource jamais épuisée des mesures administratives et règlements de police. Tel est dans sa simplicité le mécanisme de l'action révolutionnaire en matière de religion... Pour appuyer le culte décadaire dans sa lutte contre le culte catholique, le Directoire prend contre celui-ci des mesures d'une rigueur inouïe. On compte, pour l'an VI, 1 148 arrêts de déportation. Le 14 brumaire an VII, le Directoire proscrit 8 000 prêtres belges; de vendémiaire an VII au 18 brumaire an VIII, 209 prêtres français. Il s'attaque aux prêtres constitutionnels comme aux autres; il déporte jusqu'à des prêtres mariés. Ceux qui ont à souffrir d'une façon constante de l'application du nouveau système, ce sont ceux mêmes au bonheur de qui la Révolution s'était proposé de travailler : les « petites gens ». (*Revue des Deux-Mondes*, t. 22, p. 445 et suiv.). Voir à ce sujet : 1° A. Mathez, *La Théophilanthropie et le culte décadaire. Essai sur l'histoire religieuse de la Révolution*, 1 vol. in-8 (Alcan). — 2° Cf. Aulard, *Le Culte de la Raison et de l'Être suprême* (Alcan). — 3° Abbé Sicard, *A la recherche d'une religion civile* (Lecoffre). — 4° A. Gazier, *Études sur l'histoire religieuse de la Révolution* (Colin). *Papiers de Grégoire* (fonds Gazier).

1. Nous disons *heureusement* parce que, comme l'a écrit un de nos psychologues, « si, en effet, notre bonne volonté demeure sans correspondance suprême et définitive, — si tout notre cœur, ou tendre ou cruel, ou bon ou mauvais, n'est qu'un phénomène d'un instant destiné à disparaître comme il est apparu, — si le travail de l'humanité entière aboutit à une irréparable banqueroute, puisque, avec la mort de la planète, tout doit un jour mourir ici-bas de l'œuvre des âges, comment ne pas apercevoir la vie sous une clarté de cauchemar et à l'état de sinistre bouffonnerie? Toutes les phrases du monde n'empêcheront pas que l'existence, dépourvue de signification d'au-delà, ne roule et ne retombe sans cesse sur un fond immobile de désespoir. Et si l'on veut bien examiner tous les désespérés de tous les temps, on reconnaîtra qu'ils ont souffert uniquement de ne pouvoir dire : « Notre père qui êtes aux cieux... » (Paul Bourget.)

2. « N'est-il pas évident que ce dont nous souffrons aujourd'hui : les atteintes à la liberté, les dénis de justice et les calomnies, ce sont pour une très grande partie des représailles? L'anticléricalisme était en baisse, en ces dernières années; on espé-

peu inquiétante, si elle était exclusivement religieuse. Mais elle
l'est davantage parce qu'elle sert en réalité de marche d'approche
à ceux qui veulent déchaîner la guerre sociale.

La majeure partie de ceux qui la mènent, madrés arrivistes qui
se donnent pour des apôtres du progrès, ne combattent l'idée
religieuse que parce qu'elle les empêche de se servir du peuple à
leur guise.

S'il en était autrement, ce n'est pas la religion chrétienne qui
serait la plus attaquée. Aucune en effet n'a une doctrine plus conforme à la doctrine républicaine, aucune plus qu'elle ne parle de
bonté, d'amour du prochain, de fraternité, aucune ne met ses
actes plus d'accord avec sa doctrine en se consacrant, dans la
personne de ses admirables ordres charitables, plus complètement au soulagement de toutes les misères. Mais elle enseigne
que *si l'égalité n'est possible ici-bas que dans le domaine moral,
elle sera entièrement réalisée dans un monde meilleur, et ce dogme
consolant, on ne le lui pardonne pas.* Un des chefs les plus mar-
quants du parti socialiste va vous en donner lui-même les raisons : « L'Église, mais c'est notre ennemie la plus dangereuse et
c'est elle seule qui nous arrête. Elle met dans les cœurs des mal-
heureux la résignation, elle leur dit : « Ici-bas vous êtes pauvres,
« humiliés, exploités, ayez le courage de souffrir, car une autre
« vie vous attend où toutes vos misères seront récompensées par

---

rait vaguement de meilleurs jours, on parlait d'un esprit nouveau, on esquissait une
politique plus large. Mais non ! cela n'a pas duré ; on a rallumé tous les feux, on a
exaspéré toutes les rages, et beaucoup de causes ont concouru ici ; mais une chose
est certaine, c'est que nos antijuifs y ont travaillé à qui mieux mieux, et toute la
prudence d'un Léon XIII, toute celle de notre haut clergé n'a pas empêché le catholicisme d'être rendu responsable de leurs fureurs.

« Tout ce qu'ils ont pu gagner, ces chefs autorisés de l'action catholique, ç'a été de
dériver sur eux-mêmes une partie de ces haines folles. On a vu se constituer une sorte
de syndicat d'injures contre l'épiscopat français ; certains ont osé même — et ils se
disent catholiques ! — appeler le gant de Nogaret sur le visage de l'auguste pontife
qui nous guide, le « vieillard entêté », disaient-ils, qui ne voulait pas entrer dans leurs
querelles.

« Plus catholiques que le pape, Messieurs, lorsque ce pape est Léon XIII, c'est
déjà une mauvaise note ! Je crains alors que ce catholicisme ne soit une arme de parti,
et que de la sainte croix du Christ, symbole de paix et de rapprochement entre les
hommes, on n'ait l'intention sacrilège de faire un casse-tête, pour le jour où des exci-
tations sauvages auraient fait de tous les catholiques de France un peuple de for-
cenés. » (Abbé SERTILLANGES, père dominicain, professeur à l'Institut catholique
de Paris, *Nos luttes*, p. 212. Lecoffre, éditeur.)

« l'éternité. » Et combien l'écoutent, baissent la tête et subissent le joug ! Que pouvons-nous faire contre des hommes qui croient que la vie véritable n'est pas de ce monde (¹) ? »

Le fait est que ce n'est pas là une idée qui favorise le déchaînement de la guerre sociale, but définitif de nombre de ces faux apôtres, parce que, si elle augmente la misère de ceux qui la font, tout en ruinant ceux qui la subissent, elle enrichit souvent celui qui la déchaîne et la dirige, et fait en tout cas sa fortune politique toujours.

De leurs efforts pour ébranler la société actuelle, celle-ci doit-elle s'effrayer outre mesure ? Non, pour l'instant du moins. Nous allons voir, en effet, et que leur idéal philosophique est trop médiocre pour pouvoir remplacer l'idéal chrétien, et que leurs succès politiques sont dus à une alliance qui ne peut être qu'éphémère.

La *Revue hebdomadaire* du 29 avril 1905 donne, sous la signature de Jules Bertaut, une critique du *Serpent noir*, le dernier roman de Paul Adam ; nous y trouvons toute faite la photographie morale, sinon de nos agitateurs, du moins d'un personnage « qui leur ressemble comme un frère », selon l'expression de Musset. Jugez-en :

« Guichardot est un homme de notre temps, énergique et jouisseur, hardi en affaires, volontaire et têtu, un « lutteur pour « la vie », implacable envers ses adversaires, un instinctif qui met

---

1. *Écho de Paris* du 24 juin 1903, interview d'Aristide Briand. — Dans le numéro du journal *L'Aurore* du 6 février 1905, Clemenceau nous dit : « L'État n'a aucune raison d'être hostile à une croyance quelconque, cantonnée hors de son domaine, quand le corps de la société cultuelle ne se présente pas à lui en révolté ou, pour mieux dire, en maître, comme un organe de domination. »

Rien n'est plus vrai, mais ce qui ne l'est pas moins, c'est que l'Église aura beau renoncer absolument à se poser en rivale de l'État « comme un organe de domination », elle ne pourra jamais compter sur la neutralité de certains hommes au pouvoir, parce que ses doctrines philosophiques les gêneront toujours dans leur propagande de parti. Tout en conservant et en augmentant même ses prétentions à être un « organe de domination », elle pourrait au contraire compter sur tout leur appui, si l'influence de sa doctrine était de nature à les aider dans leurs projets du moment. Faut-il une preuve de l'exactitude de cette vérité ? L'histoire des rapports qui ont existé entre la franc-maçonnerie et les membres du ministère Combes, dont les révélations faites par M. Guyot de Villeneuve à la tribune de la Chambre le 28 octobre 1904 ont fait connaître la nature à la France entière, est là pour la donner irréfutable !

toute sa coquetterie et toute son ambition à réaliser cet instinct jusqu'au bout; voilà le Guichardot. »

Il est pharmacien, comme M. Homais, mais il a beaucoup plus d'allure.

« Guichardot, en effet, a reçu une éducation supérieure; un jour de flânerie ou de dilettantisme, il a ouvert et découvert Nietzsche et a désormais acquis une base morale sur laquelle faire reposer ce qui n'avait été jusqu'ici que le caprice de sa vie. Vous imaginez quelle fut sa joie quand il découvrit couchées sur un livre les maximes secrètes qu'il pratiquait jusqu'ici délibérément et, si l'on peut dire, inconsciemment :

« Il vaut mieux faire le mal que penser petitement. »

« La vertu rapetisse, la volonté délivre. »

« Que le plus fort domine le plus faible, voilà ce que veut la « volonté! »

« Toutes ces maximes énergiques de l'implacable philosophe allemand lui parurent le reflet de ce qu'il avait pensé depuis longtemps..., car ce Guichardot au fond est un être vulgaire, lourd et sensuel. »

Que le plus fort domine le plus faible, voilà ce que veut la volonté !

N'est-ce pas là une philosophie de rhinocéros?

Les brutes les plus féroces ont-elles jamais voulu autre chose ?

Pour qu'un homme intelligent et instruit ose inciter ses contemporains à régler leur conduite sur des maximes d'une pareille pauvreté morale, ne faut-il pas qu'il ait l'esprit singulièrement faux?... A moins cependant qu'il ne veuille « se payer leur figure », selon la truculente mais éloquente expression du gentihomme-cabaretier qui tenait jadis ses assises au Chat-Noir.

Dans une société qui aurait un pareil idéal, les relations sociales seraient vraiment délicieuses!

« Philosophie de *rhinocéros* ou philosophie *chatnoiresques*, la philosophie de Nietzsche est du moins pratique », diront peut-être les admirateurs de *l'implacable philosophe allemand*; « et vous reconnaissez vous-même que les *lutteurs pour la vie* qui la mettent en pratique dominent les foules. »

Ce n'est peut-être pas pour longtemps! ils ont tort, en tout cas, sous couleur de justification philosophique, de trop dévoiler leur *truc*, car leur succès tient uniquement à leur petit nombre, et *le jour où la foule entière adopterait leurs théories, le monde retomberait dans la barbarie primitive.*

Celui qui a formulé cette jolie doctrine philosophique est mort dans un cabanon; paix à ses cendres!

Quant à ceux qui, jouissant de leur bon sens, prétendent la substituer à celle du Christ, ils ne peuvent que faire sourire les gens les plus médiocrement instruits, et le public le plus ignorant lui-même ne peut être assez dénuée de sens pour croire bien long-temps qu'ils sont des apôtres de progrès.

Les succès politiques de ces ennemis déclarés de la société actuelle ne peuvent aussi être que momentanés. Ce n'est en effet qu'avec l'aide des juifs qu'ils les ont obtenus, et ceux-ci sont trop conscients de leurs intérêts pour ne pas, leur colère assouvie, reti-rer leur appui à de tels alliés, dès qu'ils deviendront pratiquement dangereux pour la société capitaliste. Les nombreux modérés qui ne suivent les meneurs du parti revolutionnaire que sur leur mot d'ordre, passant alors dans l'autre camp, forceront ceux-ci à abandonner une lutte qui ne pourrait désormais servir qu'à mon-trer leur petit nombre. Mais *il importe* que nous nous rendions bien compte que l'invraisemblable situation présente est *le résul-tat de la croisade antijuive* telle qu'elle a été conduite jusqu'à ce jour et que *ce résultat serait désastreux, si les juifs eux-mêmes n'avaient intérêt à limiter le désastre*, après nous avoir suffisam-ment prouvé qu'ils peuvent nous entrainer avec eux dans l'abîme

*
* *

Si nous na'vons à craindre pour l'instant aucune catastrophe définitive, l'ebranlement si profond qu'ont causé à la France les derniers événements doit prouver aux plus aveugles que l'exis-tence de cette force internationale que l'on pourrait appeler l'«in-térêt israélite », et qui peut à l'heure actuelle, lorsqu'elle agit avec ensemble, modifier si profondément la vie normale et même

les destinées d'une grande nation (¹), expose le monde à de tels
dangers que l'univers entier a le plus grand intérêt à la faire
disparaître. Il faut enfin nous mettre résolument à chercher, sans
délai, quels moyens on doit employer pour arriver à ce résultat.

La campagne antijuive a été évidemment fort mal entamée.
Conduite sans plan d'aucune sorte, par des impulsifs parlant sans
cesse de spoliation, d'expulsions sommaires, d'extermination
même, elle ne pouvait qu'envenimer la question qu'elle cherchait
à résoudre et en reculer indéfiniment la solution.

Comment, en effet, les pontifes de l'antisémitisme, quelque
grande que fût leur candeur, ont-ils pu croire à la possibilité
d'appliquer de tels moyens à notre époque, où chacun se laisse

---

1. Nous venons de voir à Portsmouth, dans les invraisemblables conditions de la
paix russo-japonaise signée le 29 août 1905, une preuve plus éclatante encore, si cela
est possible, de l'étendue mondiale de cette formidable puissance.

Dès le 17 août, Ernest Judet, dans l'*Éclair*, prévoyait dans ces termes cet événement, inouï au point d'avoir amené une véritable révolution au Japon dès qu'il y a
été connu :

« *La puissance juive*. — Les journaux anglais sont remplis de détails circons-
tanciés sur l'entrevue de M. Witte avec les banquiers juifs d'Amérique, comme
M. Schiff, M. Seligman et quelques autres, accompagnés de M. Oscar Strauss, de
M. Adolphe Lewishon et de M. Adolphe Krauss. Une véritable conférence, dont l'importance n'était pas moindre que celle où se négocie la question de paix et de guerre,
a permis d'*échanger des vues* sur la situation, l'avenir et les aspirations ou les exigences
des juifs de Russie.

« En même temps que cet événement était annoncé à la presse du monde entier, des
bruits précis circulaient sur l'aide financière que le gouvernement du tsar trouverait
en Angleterre et dans la haute banque pour ses emprunts futurs. M. Roosevelt n'a
pas caché l'intérêt qu'il porte au succès de ces diverses combinaisons, étroitement
liées à sa proposition personnelle pour arrêter la guerre...

« Les Japonais, *obligés d'obéir pour le moment à leurs créanciers*, ont diminué
certaines de leurs prétentions et accepté plusieurs formules conciliantes, pour obéir
à de véritables instructions secrètes. Épuisés financièrement, ils seraient heureux de
réaliser leurs victoires et de reprendre haleine. Libres de suivre plus tard leur marche
interrompue en Asie, ils se réservent le droit de revanche. Mais leur docilité actuelle
suffit aux protecteurs pratiques qui la subordonnent au triomphe de la politique anglo-saxonne.

« Son alliance avec la puissance juive n'est ni extraordinaire ni récente ; elles ont
toutes deux conclu un pacte dont se félicitent les deux impérialismes britannique et
américain, dont l'influence internationale des juifs n'a pas davantage à se plaindre. A
Portsmouth, la coalition de ces forces prodigieusement actives pèse de tout son poids... »

La *Jewish Chronicle*, journal israélite de Londres, disait aussi en parlant de cette
sorte de congrès : « La réunion des plénipotentiaires envoyés de Russie avec les juifs
américains notables est un événement si plein de promesses que nous, juifs, nous en
regardons les conséquences avec des espérances qui ne sont pas petites. » (*Les Juifs
Américains et M. Witte.*)

aller tous les jours un peu plus à un état de scepticisme émollient et de déliquescence aimable, où le culte de la légalité va jusqu'à immobiliser toutes les forces de la justice devant la moindre question de procédure?

Eussions-nous du reste l'absence de scrupules et la désinvolte barbarie des Carthaginois, nous échouerions encore en nous servant contre les juifs de moyens *aussi primitifs*.

Le pharaon, en noyant leurs enfants comme de petits chiens, n'est parvenu qu'à commencer la réputation de Moïse. Titus, en *égorgeant les deux tiers de la race et en dispersant le reste aux quatre coins du monde*, a réussi, il est vrai, à la rendre inoffensive pendant quelques siècles, mais en a fait, en définitive, nous nous en apercevons aujourd'hui après deux mille ans, la *pseudomaîtresse du monde*.

Si nous voulons venir à bout d'une race qui possède une telle vitalité, *il faut procéder contre elle de façon plus scientifique et ne pas hésiter à employer les moyens que Pasteur nous a donnés pour combattre la fièvre jaune, la peste et le choléra*.

Nous le voyons s'emparer des bacilles de ces terribles fléaux, les forcer à séjourner successivement dans plusieurs bouillons de culture appropriés de façon à leur faire perdre peu à peu leurs qualités nocives, puis, après les avoir pour ainsi dire domestiqués, les mêler au sang qu'il veut mettre à l'abri des redoutables atteintes de leurs semblables.

Procédons comme il nous l'apprend. Emparons-nous des enfants israélites, élevons-les dans nos lycées, imprégnons-les de nos idées, et quand plusieurs générations auront vécu de notre vie, ils se trouveront assez bien décrassés, et le scepticisme ambiant aura suffisamment remplacé chez eux le vieux fanatisme rabbinique pour qu'ils ne présentent plus une grande résistance à nos tentatives d'absorption.

L'assimilation de l'élément juif, après culture suffisante pour le rendre absorbable sans trop de répugnance et sans danger, voilà la solution de la question juive et elle ne saurait en avoir d'autres.

Si le remède est lent et unique, il a du moins le mérite d'être radical. L'assimilation fait en effet disparaître les races aussi bien que la terre les corps qu'on lui confie, et si dans le sein de celle-ci rien ne se perd, rien ne se crée, tout se transforme au point que du fumier sort la rose !

Où sont aujourd'hui les peuples gaulois, grec, romain, vandale, franc, etc. ? S'ils n'ont pas disparu, ils sont si bien transformés, fondus par l'assimilation que dans la masse commune on ne saurait retrouver intact le moindre élément d'aucun d'eux. Pourquoi, hélas ! n'en est-il pas de même du peuple juif ?

Il y a à cela deux raisons :

La première est que les bourreaux du crucifié du Golgotha, mis au ban du monde chrétien, ont été pendant dix-huit siècles parqués dans leurs ghettos où on les a contraints à mener l'existence la plus misérable.

La seconde, que les rabbins juifs, déjà portés à l'isolement par leur morgue initiale, exaspérés à juste titre par les mauvais procédés des persécuteurs de leur peuple, se sont de leur côté, et de tout leur pouvoir, opposés au mélange. Ces deux raisons disparaissant, l'assimilation du peuple juif ne sera plus qu'une question de temps.

Nous avons vu, en effet, lorsque, vers 1789, l'esprit philosophique refaisant son apparition dans le monde est venu écarter les barrières ainsi placées par la haine autour du peuple juif, un changement radical se produire aussitôt ; et, tandis que les nations qui ont continué à tenir les juifs à l'écart les voyaient conserver les défauts méprisables que leur a donnés leur long eslav age, celles qui les ont plus ou moins émancipés les ont vus au contraire se transformer avec rapidité, si bien que *chaque pays n'a pas tardé à avoir les juifs qu'il méritait.*

Afin de nous rendre compte de la nature et de la profondeur de cette transformation rapide, étudions dans ses traits saillants la monographie de l'un d'eux, dont la vie soit assez connue pour être facile à suivre.

Pour cette étude, nous choisirons, parmi les juifs français que leur intelligence et leurs qualités ont fait émerger de la foule avec le plus de netteté au cours de ce mouvement, Adolphe Crémieux, né à Nimes le 30 avril 1796. Son nom, du reste, appartient à l'histoire de la question juive, à cause de la part qu'il a prise à la promulgation du décret du 24 octobre 1870, qui, du jour au lendemain, a fait de tous les juifs algériens des citoyens français.

Ce décret, connu sous le nom de décret Grémieux, a eu, il faut le reconnaître, sur l'évolution de notre colonie un résultat aussi considérable qu'imprévu de son promoteur. Les nouveaux citoyens, croupissant depuis des siècles dans la condition la plus misérable, appelés à émettre un vote et incapables d'avoir une opinion personnelle, n'ont pu que voter en bloc sur le mot d'ordre de leurs rabbins, et ceux-ci, bien que l'Algérie ne compte que 47 000 juifs pour 315 000 colons, se sont trouvés tout à coup les véritables arbitres de toutes les élections algériennes, grâce à la division de ces derniers en deux clans politiques rivaux de forces à peu près égales. Cette puissance inattendue autant que peu justifiée, tout à fait préjudiciable aux intérêts de la colonie, ne l'est pas moins au repos de ceux qui s'en trouvent investis. Tandis que le çof auquel l'appoint des juifs donne la victoire les méprise trop pour se montrer bien reconnaissant, celui qui, grâce à eux, se trouve battu, les persécute avec une haine sauvage, peu faite pour les aider à sortir de leur abjection. Quelles que soient les flagorneries intéressées que leurs journaux prodiguent à ces misérables auxiliaires, si utiles en temps d'élection, le mépris ou la haine sont les seuls sentiments qu'éprouveront encore longtemps pour eux les colons algériens. Ces deux sentiments sont si forts et si universellement répandus que, exploités récemment avec hardiesse par une bande de jeunes gens résolus, poussés et soutenus en sous main, dans un but de politique personnelle, par un gouverneur général, ils leur ont permis de se rendre maîtres de l'opinion du pays pendant plusieurs années, malgré la confusion de leurs idées et le néant de leur programme.

Bien que les résultats fâcheux du décret de 1870 aient rendu le nom de Grémieux fort impopulaire en Algérie, il ne faut pas moins reconnaître qu'il *s'est efforcé pendant toute sa vie d'engager la question juive dans la voie unique qui mène à sa solution.* Esprit supérieur, planant très haut au-dessus des préjugés de secte, il a le grand mérite de voir très nettement et dès sa jeunesse que la fusion de sa race avec celle de ses libérateurs s'impose désormais, et cette fusion, il fait tout pour la faciliter.

Trop intelligent pour renier ses origines, s'il n'hésite pas à marquer d'infamie le traître Deutz par sa lettre fameuse du 24 novembre 1832 (¹), il met au service de ses coreligionnaires son grand talent de parole toutes les fois qu'il espère les rendre moins odieux. L'acquittement du grand rabbin de Damas (²) devant le tribunal de Mehemet-Ali en 1840 rend se réputation européenne.

« Depuis Corfou et Trieste jusqu'à Francfort, le retour de M. Crémieux est un véritable triomphe. A son passage à Vienne, le prince de Metternich lui donne audience, et les coreligionnaires allemands de l'avocat font ciseler, pour le lui offrir, une sorte de bâton de maréchal, on or massif, chargé d'inscriptions pompeuses. Les juifs de Paris se piquèrent d'honneur et lui donnèrent un énorme vase d'or sculpté, en commémoration du procès de Damas. » (MIRECOURT, *Portrait du dix-neuvième siècle*.)

---

1. En voici le texte :

Monsieur,

Toutes relations doivent cesser entre vous et moi : je vous ai entendu deux heures, c'est assez. Si vous étiez traduit en criminel devant un tribunal, si vous m'appeliez comme avocat, je ne vous refuserais pas mon ministère, tous les accusés ont le droit de l'invoquer. Mais vous êtes libre, dans tout l'éclat du triomphe lucratif objet de votre ambition, je n'ai rien à faire pour vous. Je n'arriverais pas à vous justifier aux yeux du public, la France est sourde à la justification d'une lâcheté. Il faut subir la honte quand on a consommé la trahison. D'ailleurs, je ne vois rien pour excuser un crime que je déteste et qui ne vous traîne pas devant d'autres juges que l'opinion publique. Si vous avez compté sur moi comme votre coreligionnaire, que votre erreur périsse. Vous n'appartenez maintenant à aucun culte : vous avez abjuré la foi de vos pères et vous n'êtes plus catholique. Aucune religion ne vous veut, et vous ne pouvez en invoquer aucune, car Moïse a voué à l'exécration celui qui commet un crime comme le vôtre, et Jésus-Christ, livré par la trahison d'un de ses apôtres, est un fait assez éloquent aux yeux de la religion chrétienne.

2. Voici comment Eugène de Mirecourt expose l'affaire dans son *Histoire contemporaine* :

« Le grand rabbin de cette ville syrienne était accusé d'avoir tué un religieux, le père Thomas, à la veille des fêtes pascales, pour mêler son sang au pain des azymes. Chez les Turcs, la justice marche de la façon le plus expéditive. Nos musulmans appliquent au grand rabbin des coups de bâton sous la plante des pieds en guise de torture. Le supplice arrache des aveux au patient, et chacun, dès lors, est convaincu du crime. Au conseil des ministres, M. Thiers assure d'un ton magistral que les juifs ont pris, de longue date, cette abominable coutume de saigner un chrétien à Pâques. Or, Mᵉ Crémieux ne partage pas l'opinion du ministre. Il reçoit de ses coreligionnaires d'Europe un mandat solennel et part pour l'Orient. L'affaire devait se plaider devant un tribunal composé des consuls généraux, sous la présidence d'un consul de France. M. Thiers y mit obstacle. Crémieux défendit l'inculpé devant Mohamet-Ali tout seul et gagna sa cause. »

Voir les détails du meurtre dans le *Journal des Débats* du mois d'avril 1840. Cette cause passionna les juifs au plus haut point. En sortant de Trieste, on trouve une côte de 5 kilomètres, la côte d'Opchina. Trois mille juifs accompagnèrent jusqu'au bout le défenseur du rabbin et lui firent des adieux pleins de larmes.

L'ardeur qu'il met à défendre ses coreligionnaires ne l'empêche pas de rompre en visière avec l'étroit et sectaire esprit rabbinique. Sans aller jusqu'à une abjuration personnelle, que son scepticisme rend du reste inutile, *il fait élever ses enfants dans la religion chrétienne.* Plein de mépris pour les défauts sordides que l'opinion ne peut à bon droit pardonner aux gens de sa race, il s'attache toute sa vie à faire montre des qualités contraires. Membre du gouvernement de la Défense nationale, nous le voyons faire preuve d'un patriotisme ardent. Non seulement il s'associe à toutes les mesures de résistance proposées par Gambetta, mais encore, après la guerre, préconisant l'appel à une souscription publique pour libérer le territoire, il offre de s'inscrire en tête pour une somme de 100 000 francs.

Eugène de Mirecourt, dans ses *Portraits et Silhouettes du dix-neuvième siècle* (Dentu, éditeur), est assez peu indulgent d'habitude pour les contemporains qui tombent sous sa plume. Royaliste il a spécialement pour les républicains si peu de bienveillance qu'il définit ou à peu près ainsi le héros de l'indépendance italienne : « *En résumé, à quinze ans, Garibaldi était un chenapan de la plus belle venue.* » Son témoignage sur Crémieux ne saurait, donc être suspect d'indulgence; écoutons ce qu'il en dit, tome II, pages 359 et suivantes. Son récit nous aidera à nous rendre compte de l'état d'âme d'un juif intelligent, né au lendemain de l'émancipation de la race.

« ... Waterloo donne le coup de grâce à l'Empire. De sanglantes réactions politiques et religieuses éclatent. Les parents du jeune rhétoricien le font revenir à Nîmes. Les terroristes blancs enfoncent la porte de M. Crémieux père, fouillent sa caisse, qu'ils trouvent presque vide... Adolphe, sans plus de retard, porte plainte au procureur du roi. « Prenez garde, lui dit un commissaire de « police, retirez cette plainte, ou ils vous tueront. — Soit, répon- « dit l'intrépide jeune homme : il ne vous restera plus qu'à venger « ma mort. » Dix-huit mois après, nous le retrouvons à Aix. Il achève son cours à la faculté de droit, passe une thèse éclatante, se fait inscrire au barreau de Nîmes et débute aux assises par un plaidoyer magnifique, le lendemain même de sa prestation de

serment. Une circonstance curieuse vient signaler une de ses premières causes. Deux individus accusés de vol se rejettent l'un
sur l'autre la culpabilité de l'acte pour lequel on les incrimine.
Par cela même et afin de délivrer du poids de l'inculpation celui
dont il prend la défense, l'avocat charge le coaccusé dans son
discours. « Ah ! par exemple, monsieur Crémieux, vous êtes bon
« enfant de tomber sur moi comme vous le faites ! s'écrie celui-ci.
« Ignorez-vous que Carol se trouvait à la tête des brigands qui
« ont pillé votre maison en 1815 ? » Carol était le nom du client
de Crémieux. L'orateur se trouble et devient pâle; mais se remettant presque aussitôt, il dit aux jurés : « Messieurs, cet homme
« doit mentir. En tout cas, le pillage dont il parle n'a rien à faire
« ici. Admettons que la chose soit véritable. Les remords que doit
« éprouver Carol me vengent, et je lui pardonne; j'ai accepté sa
« défense, je le crois innocent, rien ne m'empêchera de faire mon
« devoir. » Ce noble discours fut accueilli par les applaudissements de la salle entière...

« Nîmes, à cette époque, avait le chagrin d'abriter encore le
monstre qui, dans les jours déplorables de la guerre civile, s'était
rendu coupable des plus odieux assassinats. Trestaillons inspirait
une horreur universelle, mais on osait à peine la lui témoigner,
tant le souvenir de ses crimes inspirait d'épouvante. Crémieux
seul eut plus de courage que ses compatriotes réunis... M. Crémieux, père, mourut en 1819. La succession ouverte, son fils apprit seulement le désastre commercial arrivé sous la République.
Depuis, on avait éteint le plus grand nombre de créances, mais il
en restait quelques-unes, et le passif excédait encore l'actif de
24 000 fr. Adolphe n'a plus qu'une idée, qu'un but : le payement
intégral des dettes et la réhabilitation solennelle du défunt. Il va
rendre visite aux créanciers, dont la plupart ont perdu leurs titres
et jusqu'au souvenir de ce qui leur est dû. Mais les livres du vieux
négociant font foi. Tout se retrouve, les comptes sont en règle,
son fils rembourse jusqu'au dernier centime. Il s'arrange pour
annuler la cession de ceux qui ont vendu leur créance à vil prix
et leur paye la somme entière. Cela fait, il demande une réhabilitation, que le tribunal accorde sur l'heure. Quand un homme a de
pareils traits dans sa vie, on peut lui pardonner bien des choses. »

Les Algériens seront-ils un jour de l'avis de Mirecourt?

Le morceau que Crémieux les a contraints d'avaler si brusquement est bien gros et bien indigeste. Il *demandait à être servi par petites doses après une très soigneuse préparation;* aussi leur donne-t-il èe terribles uausées, Après avoir fait de nombreux et vains efforts pour le rendre, leur jeune estomac finira, espérons-le, par l'assimiler. Cette pénible digestion faite, ils s'apercevront que l'importance du but visé par Crémieux est de nature à lui faire pardonner la hâte funeste qu'il a mise à l'atteindre.

Si on ne peut raisonnablement espérer arriver à la suppression de la race juive que par absorption, après de longues années d'efforts et une série de mesures dont *l'émancipation progressive* aurait dû être la première ([1]), à cette suppression il faut arriver à tout prix. Rester en route après avoir affranchi les juifs en masse serait extrêmement dangereux.

A peine la Révolution française a-t-elle eu brisé leurs entraves que, complètement mêlés à la vie des autres citoyens, ils n'ont pas tardé à prendre leurs allures, tout en conservant les défauts utiles et toutes les qualités de leur race, et, grâce à leurs aptitudes naturelles pour le commerce de l'argent, aptitudes développées par dix-huit siècles d'un exercice exclusif, ils ont rapidement édifié d'immenses fortunes.

Ces immenses fortunes ne tarderont pas à nous mettre à leur merci, si, en voulant les tenir à l'écart, nous les amenons à se syndiquer contre nous. Comme le fait remarquer M. de Vogüé ([2]), « les hommes de la Révolution ne doutaient point qu'ils eussent aboli tous les privilèges et assuré le règne de l'égalité.

---

1. « Sous l'ancien régime, en 1787, Malesherbes, sur l'ordre du roi, provoqua une commission de notables israélites chargés d'aviser à l'amélioration du sort de leurs coreligionnaires. Huit israélites de marque obtinrent des lettres patentes de naturalisation. Donc l'ancien régime était prêt à faire leur place aux juifs, et il la leur faisait. Sans 89, les choses auraient continué dans ce sens, c'est-à-dire que, peu à peu, toutes les familles juives où il y aurait eu de la supériorité fixée se seraient introduites dans le vie française en s'y adaptant et en l'enrichissant d'un appoint mesuré. Elles eussent fait partie, comme les plébéiens de toute espèce, de cette aristocratie recrutée qui renouvelait la noblesse en y participant. Il en eût été chez nous comme il en est en Angleterre, où un lord Beaconsfield et un lord Rothschild ont naturellement siégé à la Chambre des pairs. Cela ne valait-il pas mieux que la guerre de races, telle que nous l'avons dans la France issue du gâchis de 89? » (Paul BOURGET, *L'Étape*, p. 398.)

2. *Un Siècle, mouvement du monde de 1800 à 1900.* Oudin, éditeur.

« Dans l'emportement de leur optimisme, ils ne faisaient pas réflexion sur une loi de l'histoire : chaque fois qu'une société se débarrasse des anciennes distinctions, des anciens pouvoirs spirituel et temporel, un maître y demeure, inexpugnable celui-là, le plus dur et le plus subtil des maîtres, l'*argent*.

« Il s'insinue dans les hautes places vacantes, il ramasse toute l'autorité arrachée à ses rivaux, il rétablit à son profit, sous d'autres formes, distinctions et privilèges. Tous lui obéissent, car il dispense seul tout ce qui fait le prix de la vie. »

Cette féodalité nouvelle de l'argent, ne nous y trompons pas, est infiniment plus puissante que l'autre : tandis que l'ancien féodal ne pouvait exercer son pouvoir qu'autour de son castel, celui du millionnaire s'étend sur tous les points de l'univers où ses guinées ont cours, et il l'exerce avec une facilité et une indiscrétion dont cet entrefilet, extrait du *Figaro* du 6 décembre 1903, peut donner une idée :

« Se souvient-on encore de l'annonce du chirurgien américain docteur Neldon, qui offrait 25 000 fr. pour une oreille qu'il devait souder à la tête d'un millionnaire américain défiguré par l'absence de cet appendice ? L'opération vient d'avoir lieu à Philadelphie et elle a parfaitement réussi. Le docteur Neldon a commencé par faire construire un lit spécial, dans lequel il a couché côte à côte le millionnaire acheteur et le pauvre bougre vendeur d'une oreille. Après avoir disposé les têtes dans l'angle voulu, il a incisé la peau du millionnaire, puis il a détaché la moitié de l'oreille du pauvre hère et a fait l'opération de la transplantation, qui consiste à établir la circulation du sang entre les deux blessures. Au bout de onze jours, la cession de l'oreille était faite, et dimanche dernier on a séparé les deux hommes. »

Ainsi les hommes de la Révolution, en émancipant les juifs, leur ont permis d'acquérir rapidement une puissance très redoutable, mais ils les ont aussi lancés à pleines voiles dans le courant mondain et à son contact ils n'ont pas tardé à devenir sceptiques et à se dégager à peu près complètement de l'esprit rabbinique sectaire.

Nous avons assayé de l'établir à l'aide de la monographie de Crémieux. Voici encore un fait propre à nous y aider. Il y a quinze ans, un officier de cavalerie de religion israélite, resté orphelin avec une sœur plus jeune, nous disait un jour : « N'est-elle pas charmante ? Quel dommage qu'elle soit pour un juif ! Et cependant je ne puis songer à la donner à un chrétien, car il ne l'épouserait que pour sa dot et la rendrait encore plus malheureuse. »

Si les gens qui se sont occupés de régler la question juive avaient à cette époque poussé à l'assimilation, cette nation encombrante eût été absorbée, au moins dans ses éléments les plus riches, et partant les plus redoutables, avec une facilité extrême. Toutes les raisons qui lui ont permis de se conserver intacte pendant deux mille ans avaient en effet alors à peu près disparu. La haute fortune des juifs avait neutralisé en grande partie le mépris qu'ils inspiraient. La vie libre et facile, les bons procédés avaient dissipé leur haine du chrétien, leur *scepticisme* de fraîche date, qui tournait déjà fortement au *snobisme*, aurait facilement fait bon marché de l'interdiction rabbinique.

Malheureusement, la façon plus inintelligente encore que brutale avec laquelle a été entamée la lutte, tout à fait incapable de détruire la puissance que les principes de la Révolution ont permis au juif d'acquérir, est venue paralyser complètement les bons effets que leur émancipation aurait pu produire. En ramenant chacun dans son camp, en ranimant les haines éteintes, elle a apporté à l'esprit rabbinique un secours inattendu qui lui a donné une nouvelle force et prolongera son existence d'une durée qui va dépendre de notre conduite future.

Il est grand temps que les soi-disant antisémites s'aperçoivent que les pierres qu'ils lancent avec tant d'acharnement contre les juifs, loin de parer au danger de l'émancipation juive, qui a en quelque sorte empoisonné le monde, tombent au contraire sur le flacon qui contient le contrepoison. Ce dernier est heureusement en verre solide, et, si la solution de la question juive peut se trouver, par leurs attaques maladroites, indéfiniment éloignée, elle ne saurait être en rien modifiée, car rien ni personne ne peut empêcher les lois qui régissent le sort des peuples de s'accomplir, et celle de leur disparition, par assimilation mutuelle, est la moins discutable, puisque à cette règle l'histoire ne montre aucune exception.

« La perspective de cette fusion nous est profondément désagréable ! » diront les gens du monde.

Il est certain que, quelque cultivé que soit l'élément juif, son introduction dans la société ne se fera pas sans y apporter quelque trouble, y amener des froissements, des tiraillements qui lui enlèveront beaucoup de son charme. Il est même possible que, en dehors de ces inconvénients de surface, elle en ait de plus sérieux; celui par exemple de ternir les qualités de bravoure si caractéristiques de notre race. Mais ces troubles s'atténueront avec le temps.

Quoi qu'en disent ses détracteurs, le vieux sang gaulois, qui l'est moins au demeurant et qui est surtout moins usé que le sang juif, est encore de force à vaincre dans cette lutte d'un nouveau genre. Nos vertus guerrières tarderont d'autant moins à refleurir que les juifs eux mêmes, qui ont perdu depuis longtemps, sous le fouet de leurs maîtres, l'habitude de les pratiquer, les ont jadis, comme nous l'a démontré pour ainsi dire malgré lui le comte de Champagny, possédées au plus haut point. Notre loyauté proverbiale peut aussi hardiment en venir aux prises avec... *l'excès d'habileté israélite.* Si dans le mélange, la naïveté française vient à diminuer, sera-ce un grand mal?

Et puis, regardons chez le voisin : la présence des israélites de marque dans la Chambre des lords en a-t-elle diminué le prestige ?

Quoi qu'il en soit d'ailleurs, nécessité fait loi.

L'inoculation du virus antirabique, cholérique, diphtérique ou pesteux n'a jamais été considérée comme une chose particulièrement agréable; les désordres qu'elle a amenés dans certains organismes ont même été parfois des plus sérieux. Cette pratique cependant ne saurait être condamnée, car il vaut mieux s'y soumettre que de devenir enragé, d'avoir le choléra, la diphtérie ou la peste.

Laissons donc en paix ceux d'entre nous qui nous rendent le service de contracter des alliances israélites. Ce sont les seuls vrais antisémites, car eux seuls travaillent utilement à la solution de la question juive, qui ne peut être que la disparition de la race par assimilation. Notre simple neutralité suffira pour que le nombre de ces bienfaiteurs de l'humanité augmente rapidement, les avantages pécuniaires de ces unions, si appréciés à notre époque positive, rendant leur dévouement facile.

Bienfaiteurs de l'humanité, eux ? Mais la plupart de ceux qui contractent ces alliances n'y sont poussés que par un bas calcul et commettent une action répugnante !

La plupart, c'est certain. Mais il suffit que *quelques-uns y soient entraînés par amour*, un seul par dévouement, pour rendre *odieuses* des attaques *qui sont certainement imbéciles*, même si elles n'atteignent que de répugnants égoïstes.

Les vautours, les oiseaux de proie, les chiens errants qui nettoient l'intérieur des villes d'Orient font certainement des repas d'un goût contestable : n'est-il pas interdit de troubler leur digestion ?

Ces voraces sont pourtant infiniment moins utiles que ceux qui travaillent à l'assimilation israélite.

La haine, l'amour, l'intérêt étant les trois mobiles principaux qui dirigent toutes les actions des hommes, pour conclure nous dirons :

1º Aux antisémites enragés :

Celui qui le premier a convié le monde contemporain à donner derrière lui la chasse à l'esprit rabbinique a pris une initiative si heureuse qu'elle suffira à transmettre son nom à la postérité. Mais, maître d'équipage inexpérimenté, après avoir découplé ses chiens à contre-voie, il les entraîne toujours plus loin de l'animal de chasse. Si l'on veut le prendre, il est temps de crier : « Au retour ! » Il faut rameuter immédiatement sur la vraie voie. La bête est mauvaise ; prévenue dès longtemps par les clameurs assourdissantes de vos trompes, elle a eu le temps de prendre ses dispositions de défense. Si vous n'amenez devant elle qu'une meute fatiguée, elle est fort capable d'en triompher.

2º Aux bonnes âmes, car, quoi qu'on dise, il en existe encore quelques-unes en ce vingtième siècle :

Écoutez ce que dit l'abbé Sertillanges ([1]), professeur de philosophie morale à l'Institut catholique de Paris :

« Ce qui est urgent, aujourd'hui, ce n'est pas de chasser le

---

1. *Nos luttes*. Victor Lecoffre, éditeur.

juif, de chasser le protestant, de chasser ceux-ci ou ceux-là : *c'est
de chasser la haine...* Si nous ne faisons pas cela, nous sommes
un peuple qui s'émiettera de plus en plus. »

Rappelez-vous aussi que le Christ a dit : « *Aimez-vous les uns
les autres.* »

3° A tous, juifs et non juifs :

Vos querelles disloquent le pays de façon telle qu'elles ne tarderont pas à causer son effondrement et vous périrez tous avec
lui. Cessez donc de vous faire la guerre, quel que soit le mobile :
haine, amour, intérêt, qui fasse tomber vos armes !

Celui qui vous tient ce discours n'est ni un prêtre, ni un rabbin, ni un politicien ami ou ennemi de n'importe quel *bloc*. C'est
tout simplement : un vieux *chass. d'Aff.* ([1]) qui aime son pays et
qui est profondément navré de vous voir inconsciemment le lui
démolir.

---

1. Diminutif de *chasseur d'Afrique*. Expression familière d'usage courant en Algérie.

II

LE PÉRIL JAUNE

« Les étrangers ont chatouillé le dragon chinois qui a dormi si longtemps, jusqu'à ce qu'il
se réveille. Il est encore ensommeillé et mécontent d'être dérangé; il lance ses griffes
à droite et à gauche et détend son puissant
corps. Les *malins* qui rôdaient autour de lui
et dansaient sur son nez sont mis à mal, mais
il n'y a rien à faire : *on ne rendormira pas le
dragon chinois.* »

(*Déclaration du général Yin-Tschang, ministre de Chine à Berlin, Éclair du 11 février 1906.*)

MISE AU POINT NÉCESSAIRE

II

LE PÉRIL JAUNE

La terrible façon dont *quarante-six millions* de petits Japonais ont secoué le colosse russe dans la guerre de Mandchourie est bien propre à nous faire craindre l'intervention prochaine des *quatre cents millions* de Chinois.

Malgré cela, une foule de gens appartenant au journalisme international ou au monde politique de tous pays, effectent de sourire quand on fait devant eux allusion au péril jaune. « Entre les Japonais et les Chinois, disent-ils, il n'y a aucun rapport à établir. Autant les petits Nippons ont eu de tout temps le caractère vif et combatif, autant les Chinois se sont toujours montrés endormis et couards. Les Japonais ne ressemblent pas plus aux Chinois que les terribles dragons de Rêve peints sur leurs potiches ne ressemblent aux vers à soie ! »

Avant de s'endormir dans une sécurité benoîte, tous ces Pangloss internationaux feront bien de contrôler leurs renseignements s'ils ne veulent s'exposer à se trouver fort en peine le jour prochain où les Fils du Soleil-Levant, conduisant l'orchestre des Fils du Ciel, viendront leur sonner un cacophonique et désagréable réveil.

Ce qu'il faut croire du légendaire sommeil politique et philosophique de la Chine, Henri Cordier nous l'a dit dès 1880 dans la *Revue de l'histoire des religions* (p. 332) :

« Aucun pays n'a été en proie à plus de révolutions et n'a subi plus de bouleversements dans son gouvernement; il a fait en politique l'expérience de tous les systèmes, depuis le socialisme jusqu'à la tyrannie; il a connu toutes les doctrines philoso- phiques; ses mœurs et ses coutumes ont été profondément altérées. »

Ce qu'il convient de penser de la *couardise atavique* du peuple chinois, le capitaine d'Ollone nous l'a exposé à son tour dans une étude sur la « Chine guerrière » publiée par la *Revue de Paris* le 15 avril 1905.

Comme *il est essentiel pour les destinées futures du monde entier que chacun en Europe soit très complètement édifié à ce sujet*, nous ne saurions trop recommander la lecture *intégrale* de ce remarquable travail, dont nous ne pouvons donner ici que des extraits. Nous allons nous efforcer toutefois de la choisir assez bien et de leur conserver une ampleur suffisante pour dissiper tout à fait les légendes dangereuses, afin de donner aux opti- mistes les plus récalcitrants une conscience exacte *des très inquié- tantes probabilités futures.*

*
* *

Dès le début de cette étude magistrale nous trouvons la ques- tion admirablement résumée en ces termes :

« D'une antiquité sans date, immobile, immuable, momie gigan- tesque qu'enserre un réseau de traditions et de préjugés, *et qui dort depuis les premiers âges* d'un sommeil tout peuplé de souve- nirs merveilleux et de légendes; *antinomie vivante de l'action, de la force, du progrès,* telle apparaît la Chine au monde occidental.

« Récente d'origine, en perpétuelle transformation, agrégat de peuples divers par la race, le langage, les coutumes, mais soumis et maintenus par la force; *progressive, guerrière et conquérante,* telle elle se montre à qui ouvre son histoire.

« Mais cette histoire, hormis quelques sinologues, qui parmi nous la connaît ? »

Prenant en pitié notre ignorance, cette histoire, le capitaine d'Ollone va s'efforcer de nous la faire connaître dans ses traits essentiels, sans trop abuser de nos instants. Il sait, en effet, avec quelle facilité nous fermons les livres trop longs; il connaît même d'autant mieux cette disposition, que ses Chinois ont pris soin de lui apprendre qu'elle n'est pas particulière à notre époque d'électricité.

Voyez s'il est possible de pousser plus loin que le plus ancien de leur empereurs, la haine des gens *rasoir* !

« Hoang-ti, qui a fondé et organisé en Chine le premier grand empire, fatigué de s'entendre, à chacun des actes d'une vie si active, reprocher de ne pas suivre les exemples de tel prince légendaire ou les préceptes de tel philosophe fameux, ordonna (l'an 213 av. J.-C.) de détruire tous les livres d'histoire, de philosophie et de littérature, épargnant les seuls *livres utiles* : science, médecine, agriculture. Un tel dessein semble au-dessus des forces humaines, mais l'homme qui a bâti la grande muraille savait se faire obéir ([1]). De tous les livres antérieurs, il ne reste que quelques ouvrages de Confucius, cachés par un de ses disciples. ». (Le fameux Chou-King, l'histoire par excellence des Chinois — sans réelle valeur historique d'ailleurs, car il est très postérieur aux faits qu'il raconte, — a été retrouvé parmi les ouvrages de Confucius qui probablement l'avait retouché.)

Tout ceux qui tentèrent de sauver de la destruction un ouvrage historique ou philosophique quelconque antérieur à l'an 213 av. J.- C. jouant leur vie, il est évident qu'on ne risqua pareil enjeu que pour conserver les plus importants. Ceci explique

---

1. « Les longs ressentiments de l'empereur Tsin-chi-Hoang-Ti contre les lettrés, ses ennemis naturels, furent portés au comble par un écrit de l'un d'eux dans lequel il était peint sous les plus noires couleurs... Alors il ordonna aux censeurs de parcourir la ville, et il leur prescrivit de livrer aux magistrats tous ceux qui seraient assez téméraires pour s'exprimer conformément au contenu du libelle.

« Les censeurs obéirent et, dans la capitale seulement, ils trouvèrent quatre cent soixante et quelques lettrés qui eurent assez de courage pour ne pas trahir leurs sentiments. Tsin-chi-Hoang-Ti les fit condamner à mort et la sentence fut exécutée avec tant de barbarie qu'elle révolta jusqu'à son propre fils, héritier présomptif de la couronne. Une planche tirée des « Faits mémorables des empereurs chinois » représente Tsin-chi-Hoang-Ti faisant précipiter les lettrés rebelles et leurs livres dans une grande fosse qu'il avait fait creuser pour cet usage. » (*La Chine*, par G. PAUTHIER, p. 228. Firmin-Didot, éditeurs, Paris, 1837.)

que la *Chronique de la principauté de Lou* par Confucius soit
le premier document réellement historique de l'histoire de la
Chine, bien qu'il ne fasse pas le récit d'événements antérieurs à
722 av. J.- C., époque à peu près où, en Europe, se fondait Rome.

Mais laissons le capitaine d'Ollone nous raconter l'histoire des
origines de l'immense empire :

« Sept cent vingt-deux ans av. J. -C., alors que tant de siècles
avaient vu la splendeur de l'Égypte et de la Chaldée, que Troie
n'était plus qu'un souvenir, que l'Assyrie déjà approchait du terme
de sa triomphante destinée, au moment même où Rome apparassait
sur la scène du monde, c'est alors seulement que commence
l'histoire de ce peuple, réputé éternel ! Sans doute il existait auparavant, et depuis assez longtemps, car il avait atteint un certain
degré de civilisation. Mais nul monument, nul livre authentique
n'est là pour témoigner de ce passé, et les ingénieuses allégories
que les moralistes chinois ont proposées à l'imitation des empereurs et à l'édification des foules ne font plus illusion à personne.
Quel est donc en 722 l'état de la Chine ?

« Elle n'existe pas, du moins telle que nous la concevons. Le
long du Hoang-ho inférieur vit une race sans nom, qui se désigne elle-même par le terme « *les cent familles* ». L'appellation
évoque des fugitifs groupés, de longues migrations à travers des
peuples inconnus, que frappe moins le nom, bientôt oublié, des
nouveaux venus que leur nombre : enfin, des luttes, des épreuves
dont le souvenir est un titre de noblesse. C'est de Chaldée,
semble-t-il, qu'étaient parties, plus de deux mille ans avant Jésus-
Christ, ces *cent familles* : le Turkestan et la vallée du Tarim auraient conduit leur invasion. En tout cas, ils s'étaient emparés du
pays par la force, car on les voit tenir en servage des populations
barbares, les anciens maîtres du sol. Hommes libres et serfs, la
population ne dépassait pas douze millions d'âmes, suivant un
recensement de l'an 684 av. J.-C....... . . . .

« Le peuple des Cent familles vivait sous le *régime féodal*; des
rois, en nombre variable — on en compte sept ou huit, mais il y
en eut bien davantage, car le moindre potentat qui s'agrandissait
se proclamait roi — des princes, des feudataires de tous rangs.

hiérarchisés sous des titres qui correspondent exactement aux nôtres, ducs, marquis, comtes, vicomtes et barons.

« Au-dessus de tous par son titre, mais sans aucun pouvoir, un souverain de caractère beaucoup plus religieux que temporel qu'une fausse analogie avec le monarque actuel fait décorer dans les traductions du nom d'empereur, mais bien plus semblable à un pape ou à un khalife. . . . .

« Faut-il raconter l'histoire de ces États? Ce ne sont que *guerres interminables*. Quatre royaumes se disputent l'hégémonie, entraînant tous les autres dans leur orbite : au nord, *Tsin*, qui en 457 se disloque violemment en trois royaumes; au sud *Tch'ou*, qui dévore ses voisins Ou et Yué; *Tsi* dans l'est, et enfin à l'ouest *Ts'in*, situé dans les montagnes au sud de la boucle Hoang-ho, en étroit contact avec les nomades de Mongolie et du Tibet, contre lesquels il lutte sans cesse, et presque barbare comme eux, par mélange de sang et isolément des autres royaumes.

« Ces guerres rappellent tout à fait celles des peuples d'Orient : Égyptiens, Assyriens, Perses. *Les armées sont des multitudes innonbrables :* maintes fois les historiens leur attribuent *600 000 hommes*, comme à celles de Xerxès ou de Darius; la ligne de bataille est formée par des chars entourés de troupes légères, qui obscurcissent le ciel de leur flèches. Les chefs, une fois leurs dispositions prises et le signal donné, ne songent le plus souvent qu'à montrer l'exemple : sur leur char, ils se précipitent dans la mêlée et cherchent le général ennemi pour le percer de leurs traits. Qu'on compare tel récit de bataille aux combats devant Troie ou aux exploits de Ramsès II à Qodshou : sauf le ton du narrateur, qui en Chine manque de lyrisme, tout est pareil.

« C'est dans un intérêt stratégique, pour faciliter le transport des armées, qu'est creusé entre Hang-Tchéou, le Yang-tsé et le Hoang-ho le premier et le plus important tronçon du futur canal impérial (485-481). Le prodigieux réseau de canaux qui fera de la Chine une gigantesque Hollande se poursuivra sous l'empire des mêmes préoccupations, comme de nos jours la construction des chemins de fer : *même les œuvres de paix sont conçues en vue de la guerre.* Ce fut dans cette période que parurent les deux hommes dont le nom et les doctrines résument presque tout le mouvement spirituel de la Chine jusqu'à nos jours : Lao-tseu (604 à 525 env. av. J.-C.) qui enseigne le *Tao*, la « Voie » qui conduit au bien, et Confucius (Khoung-fu-tseu) (551-479), le sage incomparable. »

Les doctrines de ces deux philosophes, celles du dernier surtout, ont exercé une influence telle sur la mentalité chinoise que le but de ce travail est de faire connaître que, malgré notre désir d'éviter les longueurs, nous nous voyons obligé d'ouvrir ici une parenthèse pour les analyser rapidement.

M. G. Pauthier, dans son *Histoire de la Chine* ([1]), page 110, nous dit :

« *Il faut*, quand *la vérité* et *la justice* éternelles *sont oubliées par les puissants de la terre*, que *des hommes se dévouent à la défense des droits de l'humanité* méconnus, et les leur rappellent ; il faut, *quand les peuples*, livrés à la poursuite effrénée des biens matériels, des intérêts et des instincts grossiers, *perdent tout sentiment* de vertu, *de bien public*, que des hommes se lèvent de la foule, et les rappellent aussi à la pratique des lois morales.

« Lao-tseu et Khoung-fu-tseu furent frappés tous deux du désordre social de leur époque, et voulurent y remédier ; mais ils le considérèrent diversement ; ils partirent de principes opposés, et arrivèrent à une conception sociale toute différente. »

Lao-tseu, fils *d'un paysan* du Houman, et lui-même archiviste d'un souverain de la dynastie de Tchéou, est une sorte de *Christ chinois*. Sa doctrine, en effet, a une très grande analogie avec le christianisme, autant par sa manière de comprendre la charité ([2]) et l'humilité que par sa façon non seulement de reconnai-

---

1. Firmin-Didot, éditeurs. 1837.

2. Nous lisons dans le *Tao-te-King*, « le livre de la Raison suprême », que Lao-tseu nous a laissé et qui remonte à six cents ans, avant l'ère chrétienne :

« Le saint homme n'a pas un cœur inexorable. L'homme vertueux, nous devons le traiter comme un homme vertueux ; l'homme vicieux, nous devons *également* le traiter comme un homme vertueux. Voilà la sagesse et la vertu... Le saint homme vit dans

tre la double nature spirituelle et matérielle de l'homme, mais encore d'exalter la première au détriment de la seconde (¹). Ce philosophe appartient à la vieille école exclusivement *spiritualiste* dont Bouddha et le dévantin Vyasa dans l'Inde, quatre cents ans avant lui, les chefs des esséniens et des thérapeutes juifs en Palestine, longtemps après, *furent avant le Christ les principaux représentants.*

Il parle au nom de Tao (²), de la « Raison pure » éternelle et

---

le monde tranquille et calme. C'est seulement à cause du monde, pour le bonheur des hommes, que son cœur éprouve de l'inquiétude. Tous ceux qui sont dans un état de sainteté traiteront les hommes comme le père traite ses enfants. » (*Tao-King,* 49ᵉ section.) — « L'homme vertueux remplit ses devoirs et s'arrête là. Il remplit ses devoirs et ne présume pas trop de lui-même. Il remplit ses devoirs et ne se livre pas aux excès de la vanité; il remplit ses devoirs et il ne recourt pas à la violence, car les choses violentes ne durent pas. Ce sont elles que l'on nomme opposées à la Raison suprême absolue; étant opposées à la Raison suprême absolue, elles n'ont que la durée d'un matin. » (*Tao-King,* 30ᵉ section.) — « Si le peuple souffre de la faim, c'est que de trop grands impôts pèsent sur lui. Voilà la cause de sa misère. Si le peuple est difficilement gouverné, c'est qu'il est surchargé de trop grands travaux. Voilà la cause de son insubordination. » (*Tao-King,* 75ᵉ section.)

1. « C'est la nature spirituelle de l'homme qui est sa nature parfaite, c'est d'elle qu'il est émané et c'est dans elle qu'il doit s'efforcer de retourner, en se dégageant des liens matériels du corps : l'anéantissement de toutes les passions matérielles, de tous les penchants du corps, l'éloignement de tous les plaisirs du monde et la contemplation de la nature spirituelle divine sont les moyens les plus efficaces de se rendre digne d'elle, de retourner à elle, de s'identifier avec elle et de rétablir cette spirituelle harmonie des natures spirituelles rendues à la source dont elles étaient émanées; cette vie heureuse et divine qu'elles avaient perdue un instant, dans leur union avec un corps grossier, et qu'elles retrouvent dans le sein de la grande et universelle Intelligence. »

Tels sont les enseignements du Tao. On voit que le principe chrétien du retour pour les bons dans le sein de Dieu est clairement commun aux deux doctrines; Pour établir que les préceptes du Tao sont, dans leurs grandes lignes, tout au moins, identiques à ceux du christianisme, un grand effort nous paraît superflu.

La doctrine de Lao-tseu a toutefois des tendances beaucoup plus précises que celle du Christ vers la croyance indienne à la métempsycose. En effet, si le dogme chrétien du séjour dans le purgatoire pour les âmes imparfaites n'est pas, dans son imprécision, tout à fait inconciliable avec cette croyance, au dire tout au moins de certains commentateurs (lire la *Rénovation religieuse,* par un serviteur du Christ, Fischbacher, éditeur), ce texte du Tao prouve que son auteur accepte lui, tout à fait explicitement, la théorie indienne :

« Ce sont ceux qui n'ont pas acquis la connaissance de Dieu, la science du retour des êtres à leur principe, de leur unification dans l'être universel suprême, qui subissent les calamités, les misères *des renaissances successives.* »

2. Le Dieu invoqué et décrit par Lao-tseu est la « Grande Voix du monde », la « Raison suprême universelle »; il le nomme *Tao,* mot matériellement identique avec les mots Θεος et *Deus* qui servent à désigner la divinité dans les langues grecque et romaine.

créatrice de l'univers (¹) et, sous l'influence de son inspiration, émet des aphorismes à l'aide desquels il prétend guider les hommes dans la « voie qui conduit au bien » *sans se préoccuper en aucune façon de ce qu'ont pu penser et faire avant lui les ancêtres.* De ces aphorismes se dégage une doctrine purement spéculative, avec des tendances d'une religiosité toute solitaire, toute ascétique et par conséquent, en somme, *antisociale.* Ses enseignements, en développant, au delà de sa nature conservatrice, le sentiment d'exaltation morale, de mépris des biens de la terre et de contemplation religieuse, sont devenus le refuge des pauvres et des classes souffrantes, mais ils ont donné naissance à une apathie contemplative qui a souvent produit les écarts les plus étranges (²).

Comme on le voit, ceux qui ne seront pas effrayés par cet audacieux anachronisme pourront très exactement résumer d'un mot la doctrine de Lao-tseu en disant que, malgré son excès de mysticisme et ses tendances sectaires, elle est une sorte de *christianisme primitif.*

En effet, autant l'esprit chrétien, comme nous l'avons déjà fait

---

1. « Les formes matérielles de la grande puissance créatrice ne sont que les émanations du *Tao.* C'est le Tao qui a produit les êtres matériels existants. Avant, ce n'était qu'une confusion complète, un chaos indéfinissable... Au milieu de ce chaos il y avait un principe subtil vivifiant : ce principe subtil vivifiant était la suprême vérité. » (*Tao-te-King*, 21ᵉ section.)

« Les êtres aux formes corporelles ont été formés de la matière première confuse. Avant l'existence du ciel et de la terre, ce n'était qu'un silence immense, un vide incommensurable et sans formes perceptibles. Seul *il* existait infini, immuable; il circulait dans l'espace illimité sans éprouver aucune altération. On peut le considérer comme la mère de l'univers; moi j'ignore son nom, mais je le désigne par la dénomination de Tao, Raison universelle suprême... L'homme a sa loi dans la terre; la terre a sa loi dans le ciel; le ciel a sa loi dans le Tao ou la Raison universelle suprême; la Raison universelle suprême a sa loi en elle-même. » (*Tao-te-King*, 25ᵉ section.)

2. Nous trouvons dans la 16ᵉ section du *Tao-te-King :* « Il faut s'efforcer de parvenir au dernier degré de l'incorporéité, pour pouvoir conserver la plus grande immuabilité possible. » N'est-ce pas là un aphorisme capable d'engendrer non seulement des stoïciens, mais bien des fakirs, tant il accentue la portée du principe « *qu'il faut dégager l'âme des entraves et des influences de la matière* », principe dit *zoroastrien* par les écrivains des premiers siècles de notre ère, parce que ce furent les écrits de *Zoroastre* qui le transmirent de l'Asie orientale et centrale dans l'Asie occidentale, où , après avoir été interprété et appliqué de mille manières, il devint le principe chrétien en Europe; principe qui a produit un de ses fruits nécessaires, l'*anachorétisme*, dont l'origine est dans l'Inde, et qui s'est étendu et développé en Chine, en Perse, en Chaldée, dans l'Asie-mineure, dans les thébaïdes africaines et dans tout le monde chrétien.

remarquer page 145 et suivantes, est contraire à l'esprit judaïque (ce qui explique sans l'excuser l'acharnement avec lequel les Grands Prêtres juifs ont exigé de Pilate la mise à mort de Jésus), autant il est conforme à celui de la doctrine de Lao-tseu et de toutes celles qui dérivent du bouddhisme.

Il n'est pas sans intérêt de citer à ce propos la phrase suivante que l'on trouve à la page 97 des « doctrines philosophiques sur la certitude » par M. l'abbé Gerbert : « *La chose même* qu'on appelle aujourd'hui religion chrétienne », dit saint Augustin, *existait chez les anciens* et *n'*a jamais cessé d'exister depuis l'origine du genre humain, jusqu'à ce que le Christ lui-même étant venu, on a commencé à appeler chrétienne la vraie religion qui existait auparavant. »

N'est-il pas certain que dans ces paroles, saint Augustin, le plus savant des Pères de l'Église, a voulu faire allusion, sinon précisément à la doctrine de Lao-tseu, du moins aux croyances asiatiques qui l'ont inspirée?

Si nous examinons maintenant les résultats pratiques qu'elle a eus en Chine, nous serons obligés de reconnaître que la mentalité chinoise paraît avoir été un terrain assez ingrat à cette idée chrétienne.

Les puissants, en effet, sans se laisser arrêter par ses sages aphorismes, du système de Lao-tseu ne retiennent très souvent que le principe d'indépendance intellectuelle et morale, et *débarrassés par lui de la gêne des traditions*, commettent au nom de la *raison* des actes fort répréhensibles, comme par exemple celui de l'empereur Tsin--chiHoang-ti qui, nous l'avons dit tout à l'heure, fit brûler en l'an 213 avant Jésus-Christ les lettrés et leurs livres pour éviter d'être gêné dans ses réformes (¹). Ceci prouve une fois de plus que « *ceux qui émettent un principe ab-*

---

1. Cette action pendable, qui eut des conséquences si fâcheuses pour la science, fut conseillée par un ministre nommé *Lisse* qui, nous dit Pauthier (p. 226), comme l'empereur, était « infatué des principes de la secte de Tao ». Voici quelques fragments du discours par lequel ce ministre décida l'empereur à donner cet ordre. Nous les copions dans le tome III des *Mémoires sur les Chinois*, page 269, afin de faire voir que les meilleurs arguments peuvent servir à colorer les pires actions.

« ...Les gens de lettres sont bien peu au fait de ce qui concerne le gouvernement, non ce gouvernement de pure spéculation, qui n'est proprement qu'un fantôme qu'on voit disparaître lorsqu'on l'approche, mais ce gouvernement de pratique qui consiste *solu ne connaissent pas toujours les conséquences qu'il renferme et que d'autres en sauront bien tirer* ».

Khoung-fu-tseu, lui, est un aristocrate. Les historiens chinois font remonter ses ancêtres jusqu'à l'empereur Hoang-ti (2637 avant Jésus-Christ). Il naquit dans la province actuelle du Chantoung, cinquante-quatre ans après Lao-tseu, d'un père qui était gouverneur de la ville de Tséou. Toute sa vie il se montra l'esclave des traditions, travailla avec acharnement à découvrir les origines et les raisons des anciens usages, à les codifier, à les faire com-

---

à retenir les hommes dans les bornes de leurs devoirs réciproques. Avec toute leur prétendue science, ils ne sont, en ce genre, que des ignorants : ils savent par cœur tout ce qui s'est pratiqué dans les temps les plus reculés, et ils ignorent, ou ils font semblant d'ignorer, ce qui se pratique de leurs jours, ce qui se passe même sous leurs yeux...

« Les lettrés forment dans l'empire une classe d'hommes à part. Pleins d'euxmêmes et infatués de leur prétendu mérite, ils ne voient de bien que ce qui se fait conformément à leurs idées; ils ne voient le beau que dans des usages surannés..., ils ne trouvent de véritablement utile que cette vaine science qui les élève si fort à leurs propres yeux, et qui, dans la réalité, les rend inutiles à tout le reste du genre humain... Incapables de discerner ce qui était convenable autrefois, d'avec ce qui ne convient nullement aujourd'hui, ce qui était alors utile et peut-être même nécessaire, d'avec ce qui serait très certainement préjudiciable dans le temps où nous vivons, ils voudraient que tout se fît conformément à ce qu'ils lisent dans leurs livres... Ce sont les *livres* qui inspirent à nos orgueilleux lettrés les sentiments dont ils se glorifient : *ôtons-leur les livres.* C'est en les privant pour toujours de l'aliment qui nourrit leur orgueil que nous pouvons espérer tarir la source féconde de leur indocilité... Ordonnez, Seigneur, qu'on brûle généralement tout ce fatras d'écrits pernicieux, ou inutiles, dont nous sommes inondés; ceux, surtout, où les mœurs, les actions et les coutumes des anciens sont exposées en détail. N'ayant plus sous les yeux ces livres de morale et d'histoire qui leur représentent avec emphase les hommes des siècles passés, ils ne seront plus tentés d'être leurs imitateurs serviles...

« Défendez à tous vos sujets de conserver, sous quelque prétexte que ce puisse être, aucun des livres proscrits; portez une loi rigoureuse qui les oblige à remettre aux mandarins dont ils dépendent immédiatement tous ceux qu'ils possédaient avant la défense; obligez les mandarins eux-mêmes à faire les perquisitions les plus exactes pour s'assurer de l'obéissance de ceux qu'ils gouvernent; soumettez-les à subir les mêmes peines que les infracteurs, en cas de collusion ou de simple négligence de leur part; *assignez des récompenses pour les délateurs sincères,* et faites subir des châtiments à ceux qui, connaissant les infracteurs de vos ordres, ne les déféreront pas aux mandarins.

A ce discours l'empereur répondit par ce peu de mots :

« Il n'y a rien dans tout ce que vous venez de dire qui ne soit très conforme *à la raison,* et à ce que j'avais pensé moi-même plus d'une fois. Je me décharge sur vous du soin de l'exécution. Que tout se fasse ainsi que vous l'avez dit et le plus promptement possible. » « Les choses violentes ne durent pas », est-il écrit dans la 30e section du *Tao.* Chi-Hoang-ti mort, Lisse fut assassiné et peu après finit la dynastie du grand empereur après l'incendie de son palais qui dura trois mois et la destruction de son tombeau par les soldats de Hianz-Yu !

prendre à ses disciples et pratiquer par tous. Il restaure le culte
des ancêtres, prêche le respect des vieillards, la soumission absolue et le dévouement aux parents, *le sacrifice de l'individu à la
famille, de la famille à l'État*. Dans le livre qui contient sa doctrine, le *Ta-hio*, il enseigne que chacun, dès que son esprit a
acquis assez de maturité, doit se livrer à l'étude des *devoirs* qui
lui sont imposés dans les différentes conditions de la vie et, afin
de ne pas agir à contresens, s'efforcer de se perfectionner dans la
connaissance des lois du cœur de l'homme et des mobiles de ses
actions. Il pose en principe que nos obligations sociales dans leur
plus haute généralité se réduisent à trois :

1º Donner le *plus grand développement possible* à la *faculté morale intelligente* qui est en nous et qui reste à l'état de germe ou
obscurcie par les passions, si nous ne la cultivons pas sans cesse,
si nous ne lui faisons pas produire ses effets naturels;

2º *Renouveler le peuple*, c'est-à-dire l'éclairer, l'instruire, lui
faire part des vérités morales que la culture que nous avons pu
faire de notre intelligence nous a fait connaître, et que sa
condition de peine et de misère ne lui permet pas de découvrir
lui-même; le civiliser, *le rendre moral* enfin;

3º Placer notre destination définitive dans le souverain bien,
c'est-à-dire voir la récompense définitive de nos efforts *dans
l'accès de la plus grande perfection* à laquelle il est donné à
l'homme d'atteindre, dans les différentes conditions de la vie.

Par les enseignements de ces deux philosophes, sans voir en
eux aucune intervention surnaturelle (¹), *les Chinois possédèrent*

---

1. De ce fait, les disciples de Lao-Tseu et de Confucius ne se trouvent plus en présence que de simples *doctrines philosophiques* et peuvent dès lors les discuter sans
passion trop dissolvante. Leurs discusions sont débarrassées *des querelles de dogmes
qui*, en Occident, après avoir encombré la marche de la primitive Église par des
luttes fratricides, épuisantes et sans merci contre les multiples hérésies, entretien-
dront à jamais dans son sein des germes de division, sinon extrêmement dangereux
pour son existence, du moins fort préjudiciables à sa propagande. Le résultat néfaste
de ces querelles de dogme n'a-t-il pas été, en effet, non seulement de priver l'Église catholique de l'appoint qu'auraient apporté au triomphe de ses idées philosophiques le
talent des Loyson, le génie des Lamennais et des Renan, mais encore de faire de ceux-
ci ses véritables ennemis? Et cela au grand avantage et à la grande joie de tous ceux
qui, en même temps que le dogme catholique, combattent la *philosophie chrétienne*
en prêchant, au lieu de *l'entente et de la concorde* enseignées par le Christ, *la lutte des
classes*, qui ne peut que ramener le monde au chaos primitif.

*cinq cents ans avant notre ère les notions les plus hautes que nous
ayons encore à l'heure actuelle sur Dieu et sur la morale.*

Si la doctrine de l'un, individualiste jusqu'à l'ascétisme, est
socialement peu pratique, puisqu'elle a des tendances à porter les
gens à s'occuper beaucoup plus de leur fin dernière que des con-
tingences de ce bas monde, celle de l'autre, par contre, est d'une
philosophie si éminemment *pratique* et *sociale* que l'on peut dire
avec les auteurs des *Grands tableaux chronologiques des Chinois :*
« *Khoung-fu-tseu est le plus grand instituteur du genre humain
qui ait jamais paru dans les dix mille siècles.* »

Sa doctrine, infiniment plus répandue que celle de Lao-tseu,
fut et est encore *le véritable ciment de la société chinoise.*

Ces utiles constatations faites, fermons notre parenthèse et rendons la parole au capitaine d'Ollone pour lui permettre d'achever
de dissiper *la légende dangereuse du pacifisme et de la couardise atavique de ce peuple innombrable* en nous racontant simplement son histoire.

« Le royaume de Tsin, aguerri par ses luttes contre les nomades et devenu une formidable puissance militaire, entreprend
de conquérir les autres royaumes. La lutte dure cent ans, avec
de terribles alternatives. Ce sont des carnages effroyables. *Tsin,*
« *la bête féroce de Tsin* », donne une prime par tête d'ennemi
coupée, et on trouve dans les annales cette comptabilité qui fait
frémir : après telles batailles, cent vingt, cent cinquante mille
têtes payées; après telle autre (à Tchan-ping en 260), plus de
quatre cent mille. En 255, le roi Tsin, qui déjà s'était arrogé le
droit de célébrer les sacrifices impériaux, annexe purement et
simplement à son royaume le petit domaine où vivait reclus l'em-
pereur-pontife, supprimé sans autre formalité. En 221, le dernier et terrible adversaire de Tsin, le roi de Tchou, est à bas.
Maître du territoire entier des Cent Familles, concentrant sur sa
tête tous les pouvoirs divins et humains, le roi Tsin, voulant qu'à
l'éclat inconnu d'une telle puissance corresponde un titre nouveau, réunit ceux de Hoang et de Ti qu'ont successivement portés
les souverains pontifes, et se proclame Chen-hoang-ti, le premier roi des rois, le premier empereur. Vraiment empereurs

désormais, tous les souverains de Chine garderont ce titre de Hoang-ti.

« Pendant ces siècles de luttes intestines, les Huns avaient sans cesse poussé sur les frontières de terribles incursions. Pour s'en garantir, les rois voisins avaient élevé des forteresses dans tous les défilés des montagnes. Le premier empereur imagina de relier par une enceinte continue ces forts d'arrêt : alors se dressa cette formidable muraille, longue de 10 000 lis (3 500 kilomètres environ), le plus gigantesque travail que l'homme ait jamais exécuté. »

N'est-ce pas là un début d'histoire bien mouvementé pour un peuple endormi, bien guerrier pour un peuple couard?

L'auteur nous la montre se continuant aussi tragique et guerrière sans interruption *pendant dix-neuf siècles :* de l'an 221 avant Jésus-Christ, époque où Chen-hoang-ti, le premier roi des rois, s'est rendu maître du territoire des Cent Familles, jusqu'à l'année *1650* après Jésus-Christ où les premiers princes de la dynastie mandchoue *donnent à la Chine sa constitution abrutissante actuelle ;* chaque dynastie s'écroulant par la faute de ses derniers souverains tombés dans la débauche et par le choix d'héritiers trop jeunes, toutes renversées par des révolutions successives présentant les mêmes caractères : « irritation contre un monarque faible et adonné aux plaisirs, bandes impunies de brigands qui viennent grossir les mécontents, impuissance du prince quand il a perdu l'affection du peuple dans lequel ses soldats sont comme noyés, intronisation du chef des rebelles, si obscure soit son origine, ses succès prouvant à tous qu'il est le véritable Fils du Ciel ».

Au cours de ce long espace de temps, il nous raconte les luttes constantes soutenues par la première dynastie des Han fondée par l'aventurier Le-on-Pang, le type le plus caractéristique du Chinois, nous dit-il, « *audacieux mais rusé, prudent mais tenace, généreux et fourbe* ». Il nous parle ensuite de la deuxième, dont les débuts et l'histoire sont particulièrement belliqueux et intéressants. Jugez-en.

« En l'an 5 après Jésus-Christ, un régent détrôna l'empereur enfant et renversa la dynastie des Han. Mais sa cruauté souleva la grande insurrection des « Sourcils rouges », ancêtres des Taïpings et des Boxers ; un prince de la famille des Han rallia leurs partisans et, après vingt ans de luttes terribles, réussit à s'emparer du trône et à fonder la deuxième dynastie des Hans, appelée les Han orientaux parce qu'ils établirent leur résidence dans les provinces de l'Est.

« Tout l'empire était à reconquérir ; non seulement les possessions lointaines s'étaient affranchies, et les Huns avaient repris leurs incursions, mais les peuples autochtones de l'intérieur, fort peu chinoisés — beaucoup ne les ont pas encore aujourd'hui, — étaient en état d'hostilité ouverte. De la Mongolie à l'Annam, un grand capitaine, Ma-Yuan, le « Pacificateur des flots, » conduisit vingt campagnes victorieuses (25-49 après Jésus-Christ). *Ces guerres continuelles avaient amené la formation d'immenses troupes de mercenaires ne vivant que de pillage, absolument pareilles à nos grandes compagnies ;* un Du Guesclin se trouva pour en débarrasser la Chine. Pan-chao les mena à la conquête du Turkestan et jusqu'à la mer Caspienne (73-102). Il avait atteint les frontières du monde romain ; les deux grands empires étaient sur le point d'entrer en contact. En 97, Pan-chao envoya vers les Romains l'ambassadeur Kan-ün, mais celui-ci rebroussa chemin ; plus tard, en 166, une ambassade de l'empereur Antonin arrivera par mer en Chine. Sans les Parthes, dont l'implacable hostilité contre les Romains ferma les routes du continent, des relations actives se fussent établies, car Rome était avide des soies qui lui arrivaient de la *Serica regio* et du *Sinarum situs*. En empêchant cette conjonction des deux grandes civilisations du monde, la gréco-romaine et la chinoise, — conjonction que, plus tard, l'affaiblissement simultané de la Chine et de Rome et l'interposition des barbares rendront définitivement impossible — ce sont les Parthes qui ont préparé au monde *les problèmes redoutables que fait naître aujourd'hui le choc de ces deux forces énormes*, développées dans des voies si longtemps divergentes. La face de l'univers eût été renouvelée par la fusion des deux sociétés encore naissantes.

« Une série d'empereurs incapables et débauchés, livrés à l'influence des eunuques, amène de terribles révoltes ; les bandes rebelles des « Bonnets jaunes » dévastent l'empire, qui se disloque. Les Han vaincus s'enfuient dans le Sze-tchouen où ils maintiennent quelque temps leur domination; les contrées au sud et au nord du Yang-tsé forment deux grands États. C'est la période de Trois-Empires (220-280). Mais, en outre, une foule de principautés et de royaumes se sont formés; bien entendu, les territoires lointains comme l'Indo-Chine, la Corée, le Turkestan ont depuis longtemps repris leur indépendance. Les Trois-Empires et les mille principautés se font des guerres acharnées. Grâce surtout à un roman du quatorzième siècle, qui raconte cette période dans le goût de notre roman de la Rose ou de nos chansons de geste, mille anecdotes merveilleuses embellissent, dans l'imagination populaire, le souvenir de cette époque. Kovan-yu, guerrier fameux, a été consacré dieu de la guerre, sa statue révérée se rencontre partout. *La réalité*, qu'on sait par les annales, *fut atroce.*

« Un recensement fait en 156 après Jésus-Christ avait donné *50 millions d'âmes;* en 280, il n'y avait plus que 13 163 000 adultes, ce qui pouvait donner en tout *25 millions* d'habitants : *la moitié de la population avait péri.* »

Après nous avoir ainsi démontré lumineusement que les anciens Chinois loin d'être des pacifistes étaient déjà par eux-mêmes *fort enclins et habitués à la guerre*, le capitaine d'Ollonc va nous prouver en outre que, au cours des siècles, le sang des *Huns*, des *Turcs* et des *Mongols*, tous peuples *essentiellement guerriers*, ne cessa de se mêler au sang chinois à tel point que ces diverses races batailleuses finirent par constituer le véritable fond des dynasties chinoises. Il va nous faire voir que, en plus de leurs qualités guerrières de premier ordre, les maîtres successifs de la Chine possédèrent des qualités d'intelligence pratique et d'organisation mondiale bien supérieures à celles dont firent preuve les souverains européens leurscon temporains; qu'il connurent toutes les religions d'Occident. Il va nous montrer en plein Moyen Age l'état de civilisation avancée atteint par l'empire chinois des Soung, nous apprendre que, sous la dynastie mongole, les maîtres de la Chine non seulement devinrent les maîtres de l'Asie entière, mais encore en 1241 lancèrent des armées jusqu'au fond de la Hongrie. Rendons-lui la parole :

Quand l'empire des Han s'effondra, les Huns se trouvèrent maîtres de la Chine du Nord. De fréquentes unions établissent une parenté proche entre le Fils du Ciel et les princes huns, et quand ceux-ci se proclament empereurs dans la Chine du Nord, c'est à titre d'héritiers légitimes par les femmes de la dynastie des Han... En 545 apparaît pour la première fois le nom d'un nouveau peuple nomade : les Turcs. C'était une tribu des Huns, sans importance jusque-là, mais le départ des Huns de l'ouest vers l'Europe, l'établissement des Huns de l'est dans le nord de la Chine avaient laissé la steppe presque vide; les Turcs s'étaient multipliés, avaient groupé autour d'eux toutes les fractions éparses. Ils vont dorénavant jouer contre la Chine le même rôle que jadis les Huns. Bientôt plusieurs de leurs clans, qui se déclarent vassaux, sont installés en deçà de la grande muraille : à la solde du premier aventurier venu, ils deviennent des faiseurs de rois... Après la dynastie des Tang, sous le règne de laquelle les armées chinoises s'avancèrent jusqu'à la Perse (dont le souverain vaincu par les Arabes se réfugia auprès d'elles) et en 667 soumirent la Corée et le Japon, une série de coups d'État et de révoltes militaires met en cinquante ans cinq dynasties, *dont trois turques*, sur le trône... Au cours de ces événements, comme jadis les Huns, les Turcs se divisent. Tandis que les Turcs de l'ouest étendent leur puissance sur le Turkestan, la Perse, l'Asie Mineure, les Turcs de l'est deviennent chinois.

« En 960, la dynastie chinoise autochtone des Soung réussit à fonder un pouvoir durable. Mais une nouvelle tribu tartare venue du nord-ouest, les Mandchous..., attaquèrent et firent prisonnier... l'empereur Soung (1112); un de ses frères réussit à s'enfuir au sud du Yang-tsé, où il maintint la domination des Soung. Maîtres de toute la Chine du Nord, les Mandchous y firent de grands travaux de canalisations et continuèrent à embellir Pékin. Les Soung, malgré leur faiblesse militaire, donnèrent un grand éclat aux lettres et aux arts; l'imprimerie, qui, après des tâtonnements de plusieurs siècles, *était officiellement employée depuis*

952 (¹), favorisait ce mouvement : dès le onzième siècle, on voit paraître le journal officiel intitulé *Annonces de la capitale*.

« Ces deux grands empires, du Nord et du Sud, ne rappellent-ils pas le monde romain, lui aussi coupé en deux : l'Occident, berceau de sa puissance, tombé aux mains de princes barbares, comme Charlemagne, puis les empereurs allemands, de même que la chine du Nord en celles des Kitaïs et des Mandchous ; et l'empire de Byzance, comme les Soung héritier direct de l'ancienne civilisation, et comme eux poussant jusqu'au raffinement les arts et les lettres, tandis que la valeur militaire et le goût des armes s'affaiblissent.

« Toujours menacés dans leur capitale, Nankin, les Soung s'allièrent avec une nouvelle tribu tartare du nord-ouest, les Mongols.

« Tietmousin, khan des Mongols, par une habile diplomatie et des campagnes sans nombre, avait été, en 1206, proclamé *Gengis-Khan* (khan illustre, ou suprême ou inflexible).

« En 1208, il attaquait les Mandchous. La lutte fut dure. En 1215, les Mandchous vaincus se retiraient au sud du Hoang-ho et cédaient le Petchili aux Mongols ; mais la guerre reprit presque aussitôt. Laissant ses généraux la poursuivre, Gengis-Khan conquit le Turkestan. Maître de Samarkande, il lançait en avant ses lieutenants Djébé et Souboutaï ; avec 25 000 cavaliers ceux-ci traversaient la Perse, la Géorgie, le Caucase, le Volga, ne s'arrêtaient qu'au Dnieper, après cent victoires, et revenaient par le nord de la Caspienne (1219). Pendant ce temps, Gengis-Khan soumettait la Perse et, à travers l'Afghanistan et l'Inde, son avant-garde pénétrait jusqu'à Delhi. Il mourut en 1227, au retour d'une campagne contre le Thibet.

« Cet homme, dont le nom est resté dans nos histoires comme un synonyme d'Attila, de Fléau de Dieu, qui est pour nous le type du destructeur farouche et brutal, apparaît au contraire, à travers les témoignages de ses serviteurs et même de ses ennemis asiatiques, comme un organisateur de premier ordre, un administrateur, un pacificateur ! Les Européens au courant des choses

---

1. Gutenberg, le soi-disant inventeur de l'imprimerie, naquit à Mayence l'an 1400.

d'Asie partagent cette opinion : « Il mourut, dont ce fut grand
« dommage, pour ce qu'il estoit preudhomme et sage », dit Marco
Polo; « il procura paix », dit Joinville, — revenant l'un de Chine,
l'autre d'Égypte.

« Ses hordes étaient des armées merveilleusement constituées
sous tous les rapports, discipline, armement, tactique, intendance
même : se sont les Mongols qui ont inventé les bons de réqui-
sition; tout territoire conquis était immédiatement recencé,
cadastré, imposé, administré suivant de très précis règlements.
« Au treizième siècle, en art militaire les civilisés étaient les
« Mongols, et les barbares les gens qu'ils ont battus dans les règles
« et dans les formes, par le génie de leurs généraux, par l'expé-
« rience de leurs capitaines, par la discipline de leurs troupes, et
« non point du tout par leur nombre. Leur campagne de 1219 est
« aussi régulière, aussi ordonnée que notre classique campagne de
« 1805 (¹). »

« L'empereur commandait rarement les armées et laissait à ses
généraux la plus large indépendance. De loin il combinait, suivant une politique prudente, l'action divergente, et en apparence
follement aventureuse, de ces colonnes qui portaient sa puissance du Dniéper à la mer Jaune et à l'Indus; il pacifiait et
organisait le territoire conquis, établissant l'ordre et la prospérité et faisant oublier la mémoire des souverains vaincus, dont
les efforts pour soulever leurs anciens sujets restèrent vains presque partout.

« Sa mort n'arrêta point les conquêtes. Souboutaï fit captif
l'empereur mandchou dans Kaïfong-fou, sa capitale ; puis de
Chine il fut envoyé contre l'Europe ; on connaît sa marche
foudroyante à travers la Russie, la Pologne, la Hongrie (1241).
En même temps Houlagou attaquait l'empire arabe, s'emparait
de la Perse et de la Syrie, et détruisait le khalifat de Bagdad ;
mais ses efforts, mal coordonnés, malgré de longues négociations,
avec ceux de saint Louis, se brisèrent contre l'Égypte. Ce fut un
grand bonheur pour la chrétienté que le choc de ces deux flots
de nomades, dont les forces contraires se neutralisèrent et finirent

---

1. Léon CAHEN, *Turcs et Mongols*, p. 279.

par s'anéantir mutuellement (¹). Tandis que Russie, Turkestan et Perse devenaient des royaumes mongols sous la suzeraineté du grand khan Koubilaï, celui-ci, *maître de la Chine du Nord avait attaqué les Soung :* il lui fallut vingt-sept ans pour en triompher (1253-1280). Les contrées voisines, Yunnam, Birmanie, Annam, États Chans, Thibet, Corée, durent se reconnaître vassales ou furent conquises.

L'invention de la boussole, du moins son utilisation en mer, ouvrait à la marine des horizons lointains; les escadres mongoles parcoururent les mers et imposèrent tribut à Formose, à Luçon, aux îles de la Sonde, à Ceylan, poussant même jusqu'à Madagascar. Cependant, Java sauva son indépendance, et le Japon, irrité par la conquête de la Corée, mit à mort les envoyés tartares qui réclamaient l'hommage. Koubilaï équipa une flotte considérable de 900 vaisseaux portant 100 000 hommes, pour venger cette injure; mais une tempête détruisit cette invincible Armada.

« Que les détracteurs de la valeur guerrière des Chinois veuillent bien observer que ces mêmes Mongols qui taillèrent en pièces, comme en se jouant, les chevaleries teutonique, hongroise et polonaise; qui un peu plus tard vont écraser Bazajet, le vainqueur des croisés à Nicopolis, ne mirent pas moins de soixante-douze ans è conquérir la Chine; d'ailleurs, leurs armées d'Europe et de Syrie étaient remplies de Chinois mercenaires ou levés par conscription, les arbalétriers notamment, les artilleurs de mangonneaux et autres machines de siège, et ils étaient en si grande considération qu'ils jouissaient du privilège d'emmener leurs femmes avec eux. Enfin, il faut noter que la première mention connue des armes à feu se rapporte au siège de Kaïfong-fou (1234), où les Chinois firent usage de canons (²) contre les Mongols de Souboutaï. N'est-il pas vraisemblable que Souboutaï emmena avec lui, dans sa campagne de Hongrie,

---

1. On ne saurait trop s'attacher ici à faire remarquer en passant à tous les Pangloss qui affectent de rire du péril jaune que, sans les Arabes qui ont arrêté, en Égypte, la marche victorieuse des armées mongoles, *dès le treizième siècle l'Europe entière aurait été conquise par elles dont le chef régnait à Pékin!*

2. La première apparition des canons en Europe date de la bataille de Crécy, en 1346.

soit des pièces, soit au moins des témoins de l'effet singulier des nouveaux engins, et que *c'est aux Mongols que l'Europe doit, de même que la boussole, l'idée de la poudre et des armes à feu*, qui y apparaissent quelques années plus tard?

« Du Don à la mer Jaune, tout obéissait à l'empereur mongol : Koubilaï avait établi sa capitale à Pékin, — Khanbaliq (résidence du khan), comme on le nommait alors, - – devenu une ville splendide. Les ambassadeurs de toute l'Asie s'y rencontraient avec les envoyés du pape. L'aventurier vénitien Marco Polo, qui jouit de la faveur de l'empereur et passa une grande partie de sa vie à son service, nous a raconté les merveilles de cette époque. C'était un épanouissemen universel de talents, encouragés et récompensés par ces prétendus barbares qui partout, en Chine, aux Indes, au Turkestan, ont marqué leur empreinte par de grands travaux publics, de sages mesures d'administration, le respect de toutes les croyances, et surtout l'amour éclairé des lettres et des arts dont ils ont laissé des monuments magnifiques.

« *La domination mongole, s'étendant sur toute l'Asie et l'Europe orientale*, eut pour effet d'établir pour la première fois des communications entre la Chine et les nations d'Occident qui, jusque-là, ignoraient son existence. Ce furent d'abord les ambassade religieuses : les moines Jean du Plan-Carpin, puis Ruysbroeck ou Rubruquis, envoyés par Innocent III et par saint Louis, pénétrèrent jusqu'à Karakoroum, résidence des premiers successeurs de Gengis-Khan. Ils trouvèrent parmi les Mongols de nombreux chrétiens nestoriens; leurs relations inspirèrent l'espoir de convertir à la foi chrétienne le monde oriental, et de nombreuses missions furent envoyées en Chine où elles réussirent fort bien : Pékin devint un archevêché dont dépendaient plusieurs suffragants et plus de 100 000 chrétiens... ».

Ces Mongols si guerriers et si puissants, maîtres des deux tiers du monde connu, le capitaine d'Ollone va nous les faire voir, balayés en douze ans, par ses terribles Chinois.

« Dès 1335, par suite de la faiblesse et des débauches du souverain, des révoltes naquirent dans le sud de l'empire.

« En 1368, un jeune bonze, jetant le froc, prit la tête de l'insur-rection; *au bout de douze années de lutte, il finit par balayer de Chine les Mongols* (1380). Depuis qu'ils avaient franchi la grande muraille en 1208, cent soixante-douze ans s'étaient donc écoulés, mais ils n'eurent guère que soixante-quinze ans de domination sans conteste.

« Cet effondrement des terribles Mongols surprend moins quand on songe — *sans parler de la valeur des Chinois qu'ils avaient eu tant de peine à vaincre* — à leur petit nombre et à leur faiblesse dès qu'ils cessaient de marcher constitués en armées et se dispersaient dans un pays conquis. Partout il en est de même; les empires fondés par les nomades s'écroulent comme châteaux de cartes. Étonné d'une chute si soudaine, l'historien cherche à l'expliquer par l'inaptitude des nomades à élever un édifice stable et par leur amollissement dans le luxe et le bien-être. Eh non! C'est une simple question de nombre : une armée n'est point un peuple; au repos et dispersés, les vainqueurs s'éva-nouissent. Le nomade, arrivé du premier coup avec toutes ses forces — toujours minimes, car le désert ne nourrit pas grand monde — ne peut jamais les renouveler. Le conquérant séden-taire, lui, peut tirer des renforts de la mère-patrie.

« La dynastie fondée par le vainqueur des Mongols, Hong, ou (grand guerrier), quoique de *pure race chinoise*, ne fut ni moins active, *ni moins belliqueuse* que les Tartares; elle eut, un siècle durant, un grand éclat. Mais l'histoire de toutes les dynasties se ressemble : après les grands souverains qui les fondent, puis les portent à leur apogée en conquérant le monde jaune tout entier, il semble que leur vigueur soit épuisée par un effort trop gigantes-que. Quelque temps leur grandeur se soutient par son prestige; mais surviennent des princes incapables et dissolus : aussitôt les révoltes éclatent, l'ennemi extérieur reprend ses incursions, tout s'écroule. »

Nous voici arrivés à l'époque de l'histoire de la Chine où l'état d'âme de la population se transforme totalement.

Après nous avoir montré les Chinois batailleurs et conquérants pendant dix-neuf siècles, le capitaine d'Ollone va nous dire à la

suite de quels événements, pour quelles raisons et par quels
moyens ils ont été réduits à leur état de pacifisme actuel qui,
malgré leur nombre, en a fait pour un temps les jouets des nations
de l'Europe.

« En 1641, un rebelle se proclama empereur et s'empara successivement de Nankin et de Pékin, où le Fils du Ciel se pendit
(1644). Un de ses généraux, occupé à guerroyer contre les Mandchous, marcha contre l'usurpateur et imagina d'appeler à l'aide
ceux qu'il combattait jusque-là. Les Mandchous arrivèrent donc
à Pékin en libérateurs et furent accueillis comme tels. Le trône
était vacant, ils y installèrent un empereur de leur race. Ils n'agi-
rent pas en conquérants : les fonctionnaires chinois restèrent en
fonction; rien n'était changé, les personnes, les biens, les coutumes furent respectés; il n'y avait que quelques Chinois de plus en
Chine. Toute la contrée au nord du Yang-tsé accepta le nouveau
régime. Mais au sud, un prince de la dynastie Ming se proclama
empereur à Nankin; il fut vaincu et tué. Successivement trois
autres Ming soutinrent la lutte en reculant pied à pied vers le sud.
Enfin, en 1650, la pacification était complète. Ce fut pendant ces
guerres que les Mandchous imposèrent aux Chinois de se raser le
sommet de la tête et de porter la queue au lieu du chignon, non,
comme on l'a dit, pour les différencier d'eux-mêmes, mais bien
au contraire pour reconnaître ceux qui témoignaient de leur soumission et adoptaient leurs modes, car telle était la coiffure nationale des Mandchous.

« Les vainqueurs n'étaient qu'une poignée, moins d'un million
d'hommes. Pour maintenir solidement leur domination sur deux
cent millions d'âmes, ils instituèrent le très habile système qui
existe encore. La Chine, colonie mandchoue, nous apparaît le
type de la colonie telle que la comprennent et savent l'organiser
les Asiatiques.

« Les Chinois gardèrent toutes leurs places, mais dans les hauts
emplois on adjoignit à chaque fonctionnaire un Mandchou : un
grand conseil, composé de deux Mandchous et de deux Chinois
et présidé par l'empereur, domina toute l'administration. Ainsi
la direction et la surveillance restèrent aux mains des conqué-

rants sans que les indigènes fussent dépossédés. De plus, dans chaque province, une garnison tartare fut installée auprès du gouverneur, en apparence pour lui servir de garde, en réalité pour le surveiller et l'empêcher de fomenter une révolte. Le gouverneur a tous les pouvoirs civils et militaires, sauf sur les Tartares, mais à la condition d'en user conformément à la politique impériale; le maréchal tartare, qui n'a aucune autorité, sauf sur la garnison mandchoue, le tient en réalité dans sa main.

« Aucun danger extérieur n'étant plus à craindre, puisque tout était conquis jusqu'aux déserts des flots et des monts, *rien ne fut épargné pour démilitariser les Chinois*. Le lettré eut toutes les places et tous les honneurs, *l'officier professionnel perdit toute considération* et n'obtint même plus *les hauts grades militaires, confiés d'emblée à des civils*. Cependant, contraste significatif, le maréchal tartare, qui ne commande qu'à quelques milliers d'hommes, a le pas sur le vice-roi, qui gouverne 50 millions d'hommes et dispose de 100 000 soldats; bien mieux, les Mandchous, tous soldats de naissance, ne sont autorisés à passer les examens littéraires et à entrer dans les carrières civiles qu'après avoir conquis leurs grades militaires, tant la race conquérante craint de voir ses hommes de mérite perdre le goût et la supériorité des armes. »

Si les quelques centaines de mille Tartares établis en Chine ont conservé le goût des armes, les efforts persévérants faits à la dynastie mandchoue pour *démilitariser* le peuple chinois *ont pleinement réussi*, il faut le reconnaître; la facilité avec laquelle une armée de 20.000 Français et Anglo-Indiens a battu l'armée mandchoue en 1860 à Palikao en est la *preuve palpable*.

D'autre part, l'étude que nous venons d'analyser en lui faisant de si copieux emprunts prouve avec une évidence tout aussi grande, que l'état de faiblesse militaire actuel de l'immense Chine n'est *pas du tout* la manifestation d'une *poltronnerie atavique de la race*, mais bien le produit artificiel d'une habile et intensive *couardiso-culture* (pardon de ce mot barbare) pratiquée avec persévérance comme système de gouvernement pendant deux siècles (1650-1860). Ce dernier point doit avoir sur les destinées probables de l'Asie et du monde une telle influence qu'il nous a paru indispensable de le bien établir.

*
* *

Les effets de la *démilitarisation* de la Chine seront-ils éternels?

Ce serait folie que de l'espérer après la constatation que nous venons de faire !

Les conseillers du Fils du Ciel n'ont abruti ses sujets que dans le but d'assurer leur pouvoir. Ils modifieront sans aucun doute leurs procédés de gouvernement dès qu'ils auront la certitude que leur application prolongée les rendrait eux-mêmes esclaves de l'étranger.

Le Chinois ne tardera pas alors à perdre rapidement *la mentalité de vers à soie* qu'on lui a artificiellement donnée, pour reprendre celle qui est vraiment *la sienne*, et qui, l'histoire de son pays pendant dix-neuf siècles le prouve à chaque page, se rapproche beaucoup de *celle du condottiere*, voire même de *celle du bandit*.

Si on veut bien comparer les difficultés éprouvées dans sa marche par la colonne Seymour, en 1900, à la facilité excessive de la victoire de Palikao en 1860, on reconnaîtra même que cette évolution est déjà commencée.

L'exemple des triomphes japonais va certainement la précipiter de façon très considérable.

Si nous voulons nous rendre compte *de la rapidité probable avec laquelle on arrivera à rendre les armées chinoises invincibles*, nous n'avons qu'à ouvrir *l'Histoire de Chine* de G. Pauthier ([1]), à la page 688, où nous lisons :

« L'an 632 de notre ère, l'empereur Taï-Tsoung fit sortir de prison trois cent quatre-vingt-dix condamnés à mort et les ren-

---

1. Didot, éditeur. Paris, 1837.

voya à la campagne pour faire la moisson, avec ordre de se remettre entre les mains de la justice après la récolte. *Tous revin-
rent exactement* au temps prescrit pour être décapités à la grande
exécution d'automne. »

*Est-il un seul autre peuple capable de donner de semblables
preuves de discipline*, l'exemple d'un pareil *mépris de la mort,
ces qualités maîtresses du soldat ?*

« Mais », dira-t-on peut-être, « la guerre moderne n'exige pas
seulement de bons soldats, il faut encore, pour la bien faire, de
bons officiers, des généraux instruits, de savants ingénieurs. De
plus en plus, désormais, la victoire appartiendra aux peuples de
culture générale étendue, et les Chinois, sous ce rapport, malgré
l'infatuation de leurs mandarins pour leur puérile science, sont
de vrais barbares. Leur mentalité est trop inférieure à celle des
peuples de civilisation européenne les plus arriérés pour que
nous ayons avant longtemps sdjet de nous alarmer ! »

Nous prions ceux qui seraient tentés de se laisser endormir
dans une sécurité trompeuse par ce beau raisonnement de vouloir
bien ouvrir la *Revue de Paris* du 15 mai 1905 et de lire l'étude de
M. Bouglé sur la sociologie de *Tarde*. Leur dangereux optimisme,
nous l'espérons du moins, ne résistera pas à cette lecture dont
voici du reste les passages essentiels :

« Il est un de nos sociologues individualistes contemporains,
Gabriel Tarde, qui, après avoir exercé à Sarlat, pendant vingt ans,
les modestes fonctions de juge d'instruction, est mort professeur
au Collège de France, non sans avoir goûté, avant de disparaître,
aux joies de la quasi-célébrité. Ses ouvrages ont atteint un grand
nombre d'éditions; ils ont été traduits en anglais, en russe, en
espagnol. L'on trouve même l'un d'eux, les *Lois de l'Imitation*,
depuis dix ans entre les mains des professeurs et des étudiants
dans les facultés d'outre-Rhin, bien que l'Allemagne commette
la faute que nous commettions avant 1870, et affecte d'ignorer
aussi longtemps qu'elle le peut nos nouveautés scientifiques.

« A la racine de sa sociologie on rencontre deux idées de méde-
cins, deux idées que les découvertes de Pasteur et les expériences

de Bernheim commençaient à rendre familières au grand public, au moment même où Tarde poursuivait ses réflexions solitaires : l'idée de *contagion* et l'idée de *suggestion*. Il cherche à rendre compte de tous les phénomènes sociaux par les idées qui circulent d'esprit en esprit. Si les membres d'une même société se ressemblent, s'ils croient aux mêmes dogmes et partagent les mêmes goûts, s'ils s'habillent, mangent, s'amusent et s'ennuient suivant les mêmes rites, toutes ces ressemblances s'expliquent par la *contagion*, par les invisibles agents qui, passant d'individu en individu, ont fait le tour de la société. Comment ce passage s'opère-t-il? C'est ce que les expériences de suggestion hypnotique nous permettent de concevoir. Nous y voyons un sujet épouser, en quelque sorte, la personnalité de son magnétiseur et non seulement en imiter tous les gestes, mais en adopter les sentiments, en reproduire autant qu'il se peut l'état d'esprit... Nous passons notre temps, que nous nous en doutions ou non, à imiter les gestes, à adopter les sentiments, à reproduire l'état d'esprit d'autrui... Au vrai, l'instinct populaire a raison lors qu'il réserve le nom de *société* pour désigner un cercle de gens élevés semblablement, qui se voient et s'entr'influencent par plaisir.

« Notre originalité même est faite de banalités accumulées et « aspire à devenir banale à son tour. » Qu'est-ce que commander et qu'est-ce qu'enseigner, sinon suggérer certaines idées? Qu'est-ce qu'obéir et qu'est-ce qu'apprendre, sinon imiter certains actes d'esprit ?

« C'est-à-dire que *tous les rapports sociaux concevables se ramènent, sous des formes diverses, à l'imitation.* Inversement, on ne saurait concevoir, en dehors de *l'imitation*, de rapport vraiment social. C'est faute de l'avoir compris que la philosophie sociale, trop fidèle aux inspirations des juristes ou des économistes, n'a donné le plus souvent de la société que des définitions superficielles ou paradoxales... Les barrières qui séparent les premiers groupements humains sont impuissantes à arrêter l'élan de l'imitation. L'instinct des races travaille, nous dit-on, à opposer ou à isoler les hommes. Mais, *contre cet instinct, l'imitation prévaut.* Sans doute, elle ne fait d'abord autre chose que suivre l'hérédité à la trace : par le prestige de l'exemple familial, elle relie les petits-fils aux ancêtres. La coutume en ce sens ne peut que doubler la force de la race. Mais la *mode* apparaît, *qui va chercher en dehors de la lignée les exemples* prestigieux. Ce n'est plus *l'ancêtre*, c'est l'*étranger qui nous en impose.* Au lieu de venir en ligne droite du fond du temps, *c'est de tout les points de l'espace que nous arrivent rites et coutumes,* tournures de phrases et manières de penser. Du même coup augmente le nombre des *semblables.* Il devient possible de s'entendre, de s'aimer, de se reconnaître des droits. »

Les théories de Tarde *font de l'imitation le grand ressort social,* elles tendent donc à établir, comme on le voit, *que le peuple le mieux armé pour la lutte sociale est celui qui est doué de l'esprit d'imitation le plus parfait.*

Si elles sont exactes, comme tout porte à le croire (on pourrait en l'occurrence écrire : *à le craindre*), l'Asiatique sera, sans nul doute, bientôt le plus redoutable des concurrents, en attendant qu'il devienne le plus dangereux des adversaires.

Est-il *aucun peuple en effet qui possède l'esprit d'imitation au même degré que les peuples jaunes?* aucun qui soit doué d'une aussi grande faculté d'assimilation pratique?

L'Europe abasourdie voit en ce moment avec quelle perfection et quelle rapidité se sont assimilé ses mœurs et ses coutumes les Japonais, dont la civilisation était en 1860, aussi différente de la sienne que l'est actuellement celle des Chinois.

Les Chinois ont en l'espèce *des dons absolument analogues.* Qu'il s'agisse de philosophie, d'économie politique, de religion, aucun peuple n'a jamais réussi comme eux à concilier dans l'application qu'ils en font les systèmes en apparence les plus dissemblables, les plus contradictoires même, et à s'assimiler de chacun ce qui peut en pratique leur être de quelque profit.

En faut-il un exemple ? Rendons encore la parole au capitaine d'Ollone, il va nous le donner tout de suite.

« Au milieu des convulsions dans lesquelles s'éteint l'empire des Han, deux religions d'amour s'introduisent : christianisme et boudhisme... Cependant, la Chine n'en conserva pas moins, mélangées au bouddhisme, ses deux religions nationales : le confucianisme et le taoïsme : « Les trois religions n'en font qu'une », disent les Chinois.

« *Ce n'est point là un fait insignifiant ; on y saisit sur le vif deux des caractéristiques de ce peuple. Il accepte fort bien, contrairement à ce que croit l'Europe, les nouveautés les plus singulières, telles qu'une foi et même une morale étrangères* — (et rien n'est plus contraire à la doctrine de Confucius, qui prêche la piété filiale, le dévouement envers le souverain et l'observance minutieuse des coutumes, que celle de Bouddha, qui enseigne le détachement de toutes choses).— *Mais il n'abdique point pour cela ses croyances et ses mœurs propres ; si les deux doctrines ne peuvent s'accorder, elles cohabitent dans le même cerveau, sans que se produise le conflit, funeste à l'une d'elles, qui serait inévitable chez les Européens. C'est là une des particularités du caractère chinois les plus essentielles à connaître :* elle fait pressentir de quelle façon notre civilisation occidentale pourra être acceptée par la Chine, qui en prendra *les formes extérieures, les applications de la science, celles de la morale internationale,* peut-être les vêtements et les usages sociaux, mais sans adopter ni la science, *ni la morale, ni les mœurs qui en sont le fondement.* Même phénomène s'est produit déjà chez les Japonais. »

Ne pouvant contester aux Asiatiques la supériorité de leur esprit d'initiation pratique qui les rend si dangereux, certains optimistes affirment, pour se rassurer probablement, qu'ils ne possèdent pas « l'illumination brusque, le coup de génie des cerveaux coordinateurs donnant naissance aux grandes découvertes qui viennent s'insérer dans l'histoire humaine pour la dévier dans un sens inattendu ».

Il est certain en effet que ce n'est pas à Pékin qu'à pris naissance la théorie des microbes. Mais si les Pasteurs asiatiques sont plutôt rares *à l'heure actuelle* et si le peuple japonais lui-même, le plus civilisé de l'Extrême-Orient, a jusqu'à ce jour copié un peu servilement l'Europe, n'est-il pas certain aussi que ce sont jadis des Chinois authentique qui ont *inventé la poudre, l'imprimerie et l'usage de la boussole ?*

La supériorité que nous assurent pour quelque temps encore nos savants occidentaux pourrait donc bien, elle aussi, s'évanouir dans un avenir plus ou moins rapproché.

*
* *

Ainsi donc, la *modernisation complète de la Chine est imminente* et tout fait prévoir qu'elle sera très rapide.

Sous l'influence, la direction de qui et au profit de qui cette transformation va-t-elle s'accomplir?

Telle est la question que nous allons maintenant examiner.

M. René Pinon, dans un article de la *Revue des Deux-Mondes* du 15 août 1905, intitulé : « La Japonisation de la Chine », s'exprime ainsi :

« Les conséquences de l'entrée de la Chine, avec ses quatre cents millions d'habitants, dans le courant de la vie moderne apparaissent aujourd'hui plus importantes encore qu'il n'était permis, naguère encore, de le deviner. Cette « modernisation » prochaine d'un empire qui passait, à tort d'ailleurs, pour l'image même de l'immutabilité, ne peut plus être mise en doute, mais la manière dont elle s'achèvera reste incertaine : elle peut être le résultat de la pénétration d'étrangers venus de tous les pays et de l'action concordante de toutes les puissances de culture européenne; sur le vieux fond immuable des mœurs antiques viendrait se surajouter l'édifice hétéroclite d'une Chine cosmopolite; les étrangers présideraient à sa mise en valeur économique, à la création des industries, des chemins de fer, de tout l'appareil des civilisations occidentales : la transformation de la Chine serait alors, si on ose employer pareil jargon, une « européanisation ». Ce résultat paraissait être, il y a peu de mois encore, le plus probable; mais les victoires du Japon ont modifié singulièrement les situations respectives pour les concurrents; c'est l'exemple de ses succès qui décide le triomphe du mouvement réformateur en Chine; c'est par son intermédiaire que les Chinois se résignent à accepter notre civilisation que leurs adroits voisins ont l'art de leur présenter sous une forme aisément assimilable et dont ils savent à merveille leur déguiser l'origine étrangère ; en se mettant à l'école du Japon, les Chinois espèrent surtout apprendre de lui les moyens *d'éliminer peu à peu les Occidentaux de l'Extrême-Asie* et de se passer de leur concours. La transformation de la Chine s'opère donc sous la forme d'une « japonisation » : *elle pourrait amener à bref délai, si nous n'y prenions garde, l'exclusion des Européens.* »

A cette japonisation, les Japonais travaillent depuis longtemps en effet, avec ardeur, nous allons le voir ; et le succès a tout l'air de devoir bientôt couronner leurs efforts.

M. Nezu, directeur de la Dobun-Shoiu, école japonaise de Shanghaï, écrivait déjà au mois de mai 1902 dans le revue japonaise *le Monde financier :*

« Le mouvement vers les réformes s'est accentué..., et partout germe l'idée qu'il faut prendre modèle sur la révolution du Japon. Le peuple chinois est très curieux de nouveautés, surtout depuis la guerre avec le Japon. La défaite les a secoués ; ils ont reconnu la nécessité d'étudier les sciences nouvelles. »

Les Japonais ont manœuvré assez adroitement **pour** que cette défaite ne laisse pas en Chine des germes profonds d'inimitié contre eux, et ils sont en train d'exploiter avec habileté au profit de leur influence « la curiosité de nouveautés » qu'ils ont su faire naître à coups de canon dans l'immense empire. Écoutez ce qu'en dit l'auteur anonyme de l'article « Le Japon et l'Extrême-Orient », publié dans la *Revue de Paris*, le 15 mars 1905 :

« Les puissances qui, après la guerre de 1895, s'étaient entremises pour la Chine ont été tellement avides que les Chinois ont perdu toute confiance en elles et se sont retournés vers le Japon. La conduite de l'armée et de la diplomatie japonaises en 1900 a effacé toute rancune chinoise... Jamais les dispositions chinoises n'ont paru plus favorables à la propagande japonaise. Il y a dix ans, lors d'un premier voyage en Chine, M. Ichimura Sanjiro, professeur à l'université impériale de Tokio, avait rencontré partout froideur et indifférence..., il ne pouvait obtenir une audience des personnages officiels. En 1903, au contraire, le Japon est connu partout..., pour le professeur, partout réception chaleureuse...

« Jamais propagande n'a eu terrain mieux préparé. Aussi les résultats ne se sont pas fait attendre. Des écoles nouvelles s'élèvent en beaucoup d'endroits, dans le Honan, le Chensi, dans la vallée du Yang-tsé. Les plus importantes sont les écoles militaires fondées après la guerre de 1895. Dans toutes, on trouve des officiers japonais, trois ou quatre, quelquefois jusqu'à six ou sept : l'influence du Japon est énorme sur toutes les choses militaires. »

Elle ne se borne pas aux choses militaires.

« Il existe aussi des écoles normales : dans le Houpé avec M. Tono Shupiro (Japonais) comme directeur, dans le Pe-tchili (directeur, M. Watanabe Ryusei, à Nankin); le directeur de l'école normale des Trois-Kiangs est M. Kikuchi Kenjiro. Dans toutes, d'autres Japonais sont employés. Leurs élèves deviennent ensuite professeurs en d'autres écoles qu'ils contribuent à réformer... La Toa-Dobunkaï, « société des pays ayant la même écriture », qui s'est fondée au Japon, a créé à Shanghaï, pour qu'elle ait un plus grand rayonnement d'influence, une école commerciale et politique, la Dobun-Shoiu... De ces écoles militaires, de ces écoles normales, de ces écoles politiques et commerciales, sortiront des officiers, des professeurs, des hommes publics, des industriels, des commerçants qui seront en même temps directeurs d'écoles, — bref des instructeurs, des hommes appelés à enseigner, à diriger, à commander, à propager, chacun dans sa sphère, l'influence japonaise.

« ... Les élèves de ces écoles sont Chinois et Japonais. M. Nezu, directeur de la Dobun-Shoiu, prévoit entre eux une camaraderie et une aide mutuelle qui faciliteront le développement des relations industrielles et commerciales du Japon et de la Chine. « Parmi nos élèves chinois de la section politique, dit-il, beau- « coup deviendront peu à peu gouverneurs de villes et de pro- « vinces, conseillers politiques. »

« ... Toutes les personnes qui reviennent de Chine parlent de l'activité japonaise, des officiers, des professeurs, des journalistes japonais qu'elles ont rencontrés... Dans toutes les villes chinoises, on est frappé du nombre de perruquiers, de photographes, d'entremetteurs, de coolies qui s'intéressent à la propagande japonaise... Les Japonais qui font la campagne d'agitation ont su frapper à la tête. Sachant l'énorme pouvoir des vice-rois, ils ont cherché à les concilier à leur cause. »

Ces renseignements sur l'*infiltration japonaise* en Chine, puisés dans l'étude de l'auteur anonyme de la *Revue de Paris*, ont certainement leur intérêt. Nous ne les avons cependant donnés ici que dans le but de répondre par avance à ceux qui seraient tentés d'opposer à notre documentation le vieil adage juridique : *Testis unus, testis nullus*. Sans cela nous nous serions contentés de donner la parole à René Pinon, tant son article sur la *Japonisation de la Chine* dont nous avons déjà reproduit un passage intéressant, nous paraît suffire pour donner une idée exacte, non seulement de la réalité et de la force du mouvement japonais en Chine, mais aussi de l'excellence des moyens mis en œuvre par les Nippons pour amener à bref délai la japonisation complète de l'immense empire.

Le lecteur va, du reste, pouvoir s'en rendre compte par lui-même de façon fort claire, s'il veut bien lire les citations suivantes empruntées à cette intéressante étude :

« Dirigé par des vice-rois comme Yuan-Chi-Kaï et Tchang-Tche-Tong, le mouvement réformateur est officiel; il vise à réformer l'empire par des édits impériaux, *à l'imitation des Japonais et avec leur appui*... Tchang-Tche-Tong est le puissant vice-roi des deux Hou dont le livre fameux, *Exhortation à l'étude*, est le véritable manifeste du parti réformiste. Confucianiste orthodoxe, c'est à la fois un réformateur, un traditionaliste et un nationaliste; sans toucher au vieux fond de l'organisation sociale et morale de la Chine, il recommande d'adopter tout ce que l'on trouvera à l'étranger d'utile au bien de l'empire *et de demander aux Japonais des conseils et des professeurs*. Lui-même donne l'exemple, fait appel à des Nippons pour l'organisation de ses troupes et de son université, envoie des jeunes gens de son gouvernement faire leurs études à Tokio... Yuan-Chi-Kaï, vice-roi du Tche-li, très influent à la cour et disposant des meilleures troupes de l'empire, est aujourd'hui, avec Tchang-Tche-Tong, le plus ardent promoteur des réformes et *le plus zélé propagateur des idées et des procédés japonais*. L'influence prépondérante de ces deux personnages a déterminé une évolution générale dans l'esprit public : aujourd'hui, à part quelque hauts mandarins et quelques lettrés qui s'obstinent à bouder toute innovation, *l'élite intellectuelle des hommes qui gouvernent la Chine accepte et met en pratique les idées réformistes...*

« Il n'existait, jusqu'à présent, en Chine, ni armée, ni marine nationale; chaque vice-roi entretenait les troupes qu'il jugeait nécessaires à la sécurité de sa province; l'empereur disposait seulement des « bannières » tartares qui, depuis longtemps, ont perdu toutes valeur militaire. Un effort a été fait pour remédier à cette décentralisation : un organisme central a été créé, le *Lieng-Ping-Tchou*, sorte de *conseil supérieur* dans lequel prédomine la volonté de *Yuan-Chi-Kaï, le plus japonisant des vice-rois ;* des bureaux, correspondant à une sorte de ministère de la guerre, ont été organisés; les vice-rois en ont bien montré quelque mauvaise humeur, mais ils ont dû s'incliner. L'empire est divisé en vingt régions militaires correspondant aux dix-huit provinces, au Turkestan et à la banlieue de Pékin; chacune de ces régions doit *en principe* avoir deux divisions comprenant douze bataillons d'infanterie, de la cavalerie, un régiment d'artillerie et une compagnie du génie, soit 12 000 hommes : le total ferait 48 0000 hommes... Mais pour entretenir une pareille armée il faudrait un budget considérable... Le courant réformiste est si fort qu'on en saurait manquer de trouver un biais pour se procureur d'ici peu les disponibilités budgétaires indispensables à l'organisation de l'armée et de l'adminkstration; on compte qu'en tout cas, d'ici à *deux années*, la Chine pourra mettre en ligne 100 000 hommes de troupes bien armées et bien encadrées, commandées *par un état-major japonais* ou instruit à la japonaise. Les dernières nouvelles nous apprennent que sur les *pressantes instances des Japo-*

nais la Chine va réorganiser aussi sa marine : une sorte de ministère de la marine sera créé à Tien-tsin; des écoles navales seront organisées *avec des professeurs japonais ;* des escadres nouvelles seront construites. *Tout le matériel et les officiers instructeurs viendront du Japon.* La dépense annuelle est évaluée à 48 millions...

« *On est bien près d'être maître d'un pays quand on en tient la police. Les Japonais ont eu l'art de se faire confier l'organisation de la maréchaussée chinoise.* Au commencement de 1902, le colonel japonais Aoki fut chargé de l'organisation des forces de police de Pékin; l'adroit colonel s'en acquitta si bien que Yuan-Chi-Kaï et Tchang-Tche-Tong s'entendirent pour confier aux Japonais l'organisation de la police dans leurs provinces; presque tous les vice-rois suivirent cet exemple... Dès 1903, une centaine de Japonais instruisaient, tant à Pékin qu'à Won-tchang, les recrues destinées à former cette gendarmerie mobile qui est déjà et qui surtout deviendra un puissant instrument d'influence entre les mains du Mikado; les habiles politiques du Japon auront ainsi, gratuitement, à leur service, des agents merveilleusement placés pour les renseigner sur tous les mouvements de l'opinion et les vœux des populations; ils *pourront, à leur gré, soit maintenir l'ordre,* soit, s'ils le jugent plus utile à leurs propres intérêts, *le troubler ;* la police est l'arme à deux tranchants de toutes les révolutions : c'est le Japonais qui la maniera. »

A la suite de la propagande nippone, la forteresse inviolable de la vieille Chine elle-même, le régime des examens, a été ébranlée.

« A partir de 1895 et de 1900, les autorités provinciales chinoises ont pris l'habitude d'envoyer régulièrement des jeunes gens en mission à l'étranger et surtout au Japon : les uns vont dans les écoles militaires, d'autres deviennent ingénieurs des chemins de fer ou des mines, d'autres encore s'adonnent aux sciences juridiques; actuellement, près de 2 500 jeunes gens de toutes les provinces étudient dans les écoles et les universités japonaises et s'assimilent les connaissances européennes dans les livres nippons; la durée des études est généralement de trois ans... En même temps que *tous les anciens programmes étaient bouleversés* on décidait, à partir de 1902, la création en Chine de toute une série d'écoles répondant à peu près à nos trois degrés d'enseignement : écoles primaires supérieures dans toutes les sous-préfectures, écoles secondaires dans toutes les préfectures, universités dans toutes les capitales de province. Ces universités délivrent des diplômes qui donnent accès aux charges officielles; aussi leur succès et leur multiplication ont-ils été prodigieusement rapides...; de cet *ensemble d'établissements scolaires va sortir toute une Chine nouvelle.*

« *Cette Chine nouvelle sera une Chine japonaise.* C'est sous l'influence japonaise que toutes ces réformes ont été résolues et accomplies; le rapport de Tchang-Po-Si, président de l'université, sur *la réorganisation de l'instruction dans l'empire chinois,* d'après lequel ont été créées les écoles et adoptés les programmes nouveaux, a été rédigé *sous l'inspiration directe des Japonais.* Tchang-Po-Si conseille de choisir *tous les professeurs parmi les Nippons...;* de fait, dans les *écoles normales* qui viennent d'être fondées, tous les professeurs étrangers sont des sujets du Mikado. *Il serait superflu d'insister sur l'influence énorme qui ne saurait manquer de résulter pour les Japonais de cette mission éducatrice...* La jeunesse élevée au Japon est à la fois révolutionnaire et *nationaliste;* elle réclame les réformes les plus radicales et prêche la lutte contre les étrangers... Les étudiants se groupent en sociétés secrètes, en clubs réformateurs; de tels symptômes sont caractéristiques; ils rappellent le temps du *Tugendbund* en Allemagne; avec la connivence de leurs camarades japonais, ils préparent la rénovation de la Chine en conspirant avec les associations révolutionnaires de l'empire et en préparant l'avènement d'un régime où leurs professeurs d'aujourd'hui pourraient bien devenirs leurs maîtres de demain...

« Dans toute *la Chine, la presse,* arme nouvelle, *est aux mains de cette élite japonaise; les directeurs de journaux sont généralement des Japonais...* Dans toutes les préfectures, il y a aujourd'hui un journal qui prône les réformes et commente avec enthousiasme les succès et les vertus des Nippons; à Fou-tchéou,

le *Min-Pao* tire à 2 000 exemplaire et a au moins 6 000 lecteurs...
Journaux et pamphlets ne cessent de vanter les Japonais et de
les comparer aux Européens. Dans un libelle publié à Chang-haï,
à la fin de 1904, et intitulé *la Cloche destinée à réveiller notre
époque*, un ancien élève des Japonais oppose le mépris dont les
Chinois sont l'objet dans les pays *blancs* aux bons procédés dont
les comblent leurs camarades *jaunes ;* il rappelle avec indignation
l'avis affiché à l'entrée du jardin public de la concession européenne de Chang-haï : « L'entrée est interdite aux chiens et aux
Chinois... » Il faut reconnaître que nos journaux français, publiés
en Indo-Chine ou à Chang-haï, donnent souvent prise aux critiques justifiées de la presse chinoise ; c'est ainsi qu'elle n'a pas
manqué de relever vivement, en novembre 1904, un article de
l'*Écho de Chine* qui se terminait ainsi : « Nous devons conserver
le vieil empire vermoulu, à l'apathie duquel nous devons de pouvoir vivre chez lui. » On comprend tout le parti que les réformateurs et les révolutionnaires peuvent tirer de semblables
maladresses. La Chine n'est plus et sera demain de moins en
moins une quantité négligeable ; nos publicistes, en Extrême-
Orient et même en France, ne devraient pas l'oublier.

« *Ansi s'opère rapidement, par tous les moyens que découvre
l'ingéniosité nippone, la compénétration de la Chine et du Japon*
Le vieux personnel gouvernemental disparaît et partout il est
remplacé par des japonisants. Chaque jour grandit l'influence du
Japon : elle a pour corollaire la haine des étrangers... Le but que
les Japonais poursuivent apparaît nettement : c'est d'organiser
dans l'Empire du Milieu une sorte de protectorat moral et économique en dirigeant eux-mêmes, à leur profit, tous les ressorts de
la vie nationale, puis d'*évincer peu à peu les Européens et les
Américains*, pour appliquer au profit du monde jaune une nouvelle doctrine de *Monroë*... Les victoires du Japon sur terre et
sur mer, le recul de l'Europe, qui en est la conséquence, l'élimi-
nation de la puissance russe des mers de l'Extrême-Orient ne
laissent au premier plan, en face de la « Chine en convulsion »,
que le Japon triomphant ; en attendant le concurrent américain qui se prépare et qui s'arme, il est le maître des mers
jaunes ; il est en mesure de peser à son gré sur les destinées de

l'Empire du Milieu ; dans la lutte pour le Pacifique, le vainqueur, c'est lui.

« Nous pouvons maintenant répondre à la question que nous nous posions au début de cet article : c'est bien sous la forme d'une *japonisation* que s'accomplit la transformation de la Chine. Cette pénétration économique et cette hégémonie morale des Japonais aboutiront-elles, sous une forme plus ou moins déguisée, à une domination politique ? Il est difficile de le prévoir, et peut-être les circonstances en décideront-elles autant que la volonté des hommes ; il est cependant permis de dire que ce n'est pas là aujourd'hui une éventualité improbable. L'action de la diplomatie japonaise et des innombrables agents, Chinois ou Japonais, qui travaillent à établir un nouvel ordre de choses, est aujourd'hui prépondérante sur la plupart des vice-rois ; plusieurs princes de la famille impériale adhèrent ouvertement à la politique réformatrice ; le prince Tchouen, frère de l'empereur, le fils du prince King, le prince Sou, qui a envoyé ses fils au Japon et à Singapour, le prince Coung, dont on parle comme du futur héritier de l'empereur, se montrent ouvertement favorables aux idées nouvelles. A Pékin, les chaises des hauts mandarins ne s'arrêtent nulle part plus souvent qu'à la porte de la légation du Japon ; les consuls japonais deviennent les conseillers les plus écoutés des gouverneurs ; ils savent prendre habilement un rôle de protecteurs amicaux et d'initiateurs désintéressés ; partout ils répandent l'idée que les affaires de la race jaune ne regardent que les « Jaunes » : ils sont les champions de l'indépendance des peuples jaunes aussi bien dans le domaine politique que dans le domaine économique. Souvent, au cours de son histoire, la Chine a été gouvernée par des dynasties d'origine étrangère ; les Japonais sont des cousins pour le moins aussi proches des Chinois que l'étaient les Mandchous, et la puissance militaire dont ils disposent est autrement formidable, leurs succès autrement prestigieux ! Pourquoi l'empereur du Japon ne viendrait-il pas, comme un nouveau Tchinguiz-Khan, s'asseoir sur le trône des Tsing, tombé en quenouille, pour en relever l'éclat et en fortifier l'indépendance ? C'est une idée que, dans toute la Chine, on discute ouvertement et dont les mandarins et les gens éclairés parlent sans indignation, souvent même avec une satisfaction à peine dissimulée. *Une domination japonaise apparaît à beaucoup de Chinois comme le terme naturel et souhaitable de l'évolution actuelle de l'empire.* »

*
* *

Ainsi donc, M. René Pinon nous le démontre, la japonisation de la Chine peut dès à présent être considérée comme réalisée au point de vue économique et, dans des temps prochains, non seulement *le Mikado aura la direction politique de l'immense empire, mais encore il en occupera peut-être même le trône.*

Le résultat évident de cette foudroyante évolution asiotique va être d'*opposer dans le monde entier la race jaune à la race blanche* et sur le terrain économique et sur le terrain politique. De cette lutte imminente qu'avons-nous à craindre?

Voilà une question qu'il convient d'examiner au plus tôt.

Pour avoir un premier aperçu des résultats probables de la bataille *économique*, jetons d'abord un coup d'œil sur un tableau statistique que nous donne *le Matin* du 26 janvier 1904, tableau indiquant le salaire moyen des ouvrier japonais pour une journée de travail :

Hommes

Les mécaniciens gagnent	2f 80
Les brodeurs, décorateurs, sculpteurs, surveillants, ouvriers de premier ordre	1 20
Les très bons ouvriers de métier	0 90
La grande moyenne des ouvriers ordinaires d'usines, filatures, tissages, etc.	0 70
Les hommes de peine et ouvriers ordinaires	0 60

Femmes

Les brodeuses, peintres, etc	0 52
Les surveillantes femmes de premier ordre.	0 42
Les bonnes ouvrières	0 35
La grande moyenne des ouvrières ordinaires d'usines, filatures, tissages, etc.	0 28
Les petites filles et les apprentis pendant de nombreux mois	0 14

Écoutons maintenant les commentaires dont le journaliste qui nous donne ce tableau le fait suivre.

« Ces chiffres sont calculés d'après les prix en usage dans les centres les plus importants et notamment à Osaka, la grande ville manufacturière du Japon.

« Si on les compare à ceux de nos diverses industries européennes, surtout à ceux d'Angleterre et de France, on ne peut manquer d'être frappé de l'abîme qui sépare la race blanche de la race jaune, et l'on se demande quelles précautions nous ne devons pas prendre contre des millions d'hommes à qui, pour vivre, il suffit de si peu de chose et dont la misère heureuse fait la fortune de leur nation. Ces chiffres n'aident-ils pas à eux seuls à s'expliquer les progrès extraordinaires accomplis en un temps relativement court par un pays qu'habite une race ingénieuse et active (¹)? Ce coup d'œil sur les conditions économiques de l'existence parmi les artisans de toutes sortes qui sont les facteurs directs de sa richesse et de sa puissance n'est-il pas fait pour nous donner les plus sérieuses et les plus légitimes inquiétudes?

« L'argent tient une telle place maintenant, en effet, dans la vie des nations, que l'on conçoit difficilement la possibilité de grandir et de jouer un rôle entreprenant et heureux pour les peuples où les salaires très élevés dénoncent une aisance endormeuse ou de coûteux besoins. Le Japon n'est-il pas merveilleusement placé à ce point de vue, pour avoir des chances de prédominer par le commerce, par l'industrie... ou par la guerre?

« Le premier résultat de sa prédominance en Orient ne sera-t-il pas de centupler le danger pour l'Européen de cette lutte déjà

---

1. Le Japonais est aussi bon commerçant qu'il est bon soldat et bon marin. Il sait admirablement adapter sa fabrication aux préférences de sa clientèle. M. René Pinon, dans son article sur la *Japonisation de la Chine* dont nous avons tant parlé, nous dit :

« Dans tout le bassin du Yang-Tsé, notamment à Nankin, beaucoup d'articles japonais l'emportent sur leurs similaires européens; pour les lampes, les allumettes, les parapluies, les vins, les savons, les bougies, les boutons, le petit marchand japonais fournit, à des prix dérisoires contre lesquels les Européens ne peuvent pas lutter, la camelote que désire le client; l'apparence est belle, la qualité déplorable, le prix infime, et le Chinois est satisfait. »

inégale, si nous ne parvenons pas à l'empêcher d'entraîner dans son orbite les quatre cent millions de Chinois? »

Nous avons déjà vu combien il sera difficile d'empêcher cela; combien il est pour ainsi dire chimérique d'espérer y réussir; donc, si nous ne voulons mentalement ressembler à l'autruche qui, dit-on, se croit à l'abri des atteintes de ses ennemis lorsque, sa petite tête placée derrière un caillou, elle cesse de les voir, nous devons essayer de nous rendre un compte exact des dangers qu'entraînera pour la race blanche la lutte économique et politique *non avec le Japon seul*, mais bien *avec les Jaunes coalisés*.

Les résultats obtenus à Port-Arthur, Liao-Yang, Moukden, Tsoushima, par les petits Japonais, malgré leur nombre relativement faible et le dénûment financier de leur pays, nous édifient pleinement sur ce dont *ils seront capables*, lorsqu'ils disposeront des richesses incommensurables enfouies dans le sol de la Chine et des ressources pour ainsi dire inépuisables de l'immense empire, en ouvriers et en soldats.

Reste à savoir si de cette formidable puissance, ils ont l'ambition de se servir contre nous; et cette énigme il faut absolument la résoudre, car d'elle dépend l'avenir du monde.

Efforçons-nous donc de pénétrer les pensées du sphinx japonais sans nous laisser distraire par les railleries puériles et niaises des trop nombreux « j'm'enfichistes » incorrigibles qui, n'aimant pas arrêter leur esprit sur des sujets de nature à gêner leur digestion, trouvent de bon ton de rire quand on parle devant eux du « péril jaune ».

Cette incursion dans la mentalité nipponne, qui paraissait naguère encore assez malaisée, nous est fort heureusement singulièrement facilitée aujourd'hui par la publication qui a été faite, les 10, 11 et 12 janvier 1905, dans *l'Écho de Paris*, d'un rapport confidentiel adressé, au printemps de l'année 1902, au général Katsura, président du conseil des ministres à Tokio, par le général baron Kodama, gouverneur de Formose.

Malgré le démenti diplomatique qu'en a donné l'ambassade

japonaise (¹), sans en perdre un seul mot, nous allons examiner le texte qui a été publié par le journal parisien :

*Le général baron Kodama, vice-roi gouverneur de l'île Formiose, par ordre
de S. M. le Mikado, au général comte Katsura, président du conseil des
ministres, à Tokio.*

Kelung, deuxième mois de la 35ᵉ année du Meiji (*i*).

... J'ai à cœur de répondre aux observations qu'a bien voulu me transmettre
Votre Excellence, au sujet de l'emprunt proposé en faveur de Formose, et
que le peu de progrès apparent de l'influence japonaise ne semble pas, dit-on,
justifier.

Si j'en crois l'exposé des critiques qui ont été adressées à mon administration devant la Diète, tant par les *Kenseihonto* (³) que par les *Teikokuto* (⁴);
si je me réfère aux discussions entendues ensuite au *Genro* (⁵) et que Votre
Excellence a bien voulu me faire connaître, je pose en fait que l'opinion publique, parlementaire ou dirigeante du Japon émet des appréciations erro-
nées quant à l'état actuel de l'île, ou, du moins, se laisse aller à d'évidentes
contradictions dans la manifestation de ses désirs. Si je comprends bien, en
effet, mon très honorable ami et contradicteur, le comte Okuma, il souhaite
non seulement le rejet de l'emprunt en cours dont il dit, à tort, qu'il sera
presque totalement employé à des travaux d'ordre militaire ou naval, mais,
en outre, il demande une diminution considérable des frais administratifs
de l'île, ainsi qu'une augmentation des taxes foncières et des impôts qui
frappent la sortie des marchandises à destination de la Chine. L'intention
du comte est d'arriver à supprimer les subventions annuelles totalisées à
15 millions de *yen*, que la métropole consent généreusement pour la gestion
de Formose; en même temps, il voudrait voir élever à 12 millions de *yen*
les revenus des taxes de l'île, que j'espère pouvoir maintenir, à partir de

---

1. Pour savoir ce qu'il faut penser de ce démenti, écoutons ce que nous en dit *le
Gaulois* :

« Il serait puéril de nier le grave intérêt que présentent les documents sensationnels
que publie *l'Écho de Paris*, ni l'émotion justifiée qu'ils produisent en France. Le ministre du Japon à Paris affirme que le rapport du général Kodama, ancien gouverneur
de Formose, aujourd'hui chef d'état-major des armées nipponnes de Mandchourie,
est apocryphe; mais à cette affirmation, qu'il émet sans grande conviction, il n'apporte aucune preuve d'aucune sorte. Tout mauvais cas est niable en diplomatie,
surtout en diplomatie extrême-orientale.

« Ce qui est certain, ce que ne peuvent nier ceux qui connaissent, si peu soit-il, les
questions sino-japonaises, c'est que le rapoprt du général Kodama est tellement vraisemblable, il est d'une déduction si clairement logique et basé sur des faits tellement
indiscutables, qu'il n'est guère possible de douter de sa parfaite authenticité. S'il
est faux, le faussaire est un habile homme, si habile qu'il n'est pas douteux qu'il
n'existe pas. »

2. Printemps 1902.
3. Parti progressiste japonais.
4. Parti impérialiste jingoë.
5. Conseil de l'empire.

cette année, à 10 millions. A entendre le leader des *Kenseihonto*, le peuple japonais se lasse de payer pour une colonie qu'il estime médiocre et peu utilisable ; il entend reporter intégralement sur ses besoins économiques, navals et militaires au Japon, l'ensemble de ses ressources si peu développées encore dans ses îles.

Par le fait que le peuple japonais a été mécontent de l'acquisition de Formose, ou du moins de l'échange, auquel il a été obligé d'adhérer, de la riche terre du Liao contre une autre terre dont il eut à refaire la conquête, les diverses fractions politiques de l'opinion se prennent à regretter les 110 millions de *yen* qu'ont coûtés jusqu'ici la pacification et l'organisation de l'île.

Ce regret est tardif, et, à vrai dire, injustifié.

Il y a quelque temps, les organes de la presse célébraient sur le mode lyrique le chiffre de 50 000 Japonais, originaires en grande partie du Kiou-Siou, et commerçant dans le gouvernement de Formose ; ils racontaient comment l'instruction publique japonaise prenait peu à peu la place des quelques vingt mille écoles chinoises dont nous avons eu à nous débarrasser. Ils montraient les villes de l'intérieur se transformant, les chemins de fer construits, en construction ou projetés sur la côte ouest de l'île, entre Kelung et Takao. Ils vantaient l'exploitation croissante du charbon, non seulement à Kelung, mais dans les nouvelles concessions de Taitsuwan. Ils approuvaient enfin la monopolisation entre nos mains du commerce du camphre. Aujourd'hui, ils sonnent une autre cloche. Ils rappellent avec aigreur que le commerce de l'île est encore aux trois quarts entre les mains des Chinois d'Amoy, en même temps qu'ils soutiennent les réclamations de la *Tso-Dobounkai* ([1]) se plaignant qu'on continue d'expulser les sujets chinois.

La contradiction est manifeste.

Mais j'ai hâte d'arriver aux observations des *Teikokuto*.

Ils rêvent pour Formose une destinée non plus commerciale et agricole, mais, au contraire, militaire et navale. Je lisais, l'autre jour, dans le journal *Nippon*, d'extraordinaires arguments qui témoignent de l'impatience chauvine de certains de nos compatriotes, en même temps que de leur insuffisante pratique des affaires administratives. Ils croyaient que l'île aurait été pacifiée en un tour de main, que les aborigènes se seraient jetés dans nos bras comme entre les bras de libérateurs attendus ; que les ports, creusés et approfondis, allaient se couvrir par enchantement de batteries et de forts inexpugnables. Encore un peu, et les rédacteurs irresponsables de cette feuille réclameraient de mes fonctionnaires la suppression, par décret, des *moussons* qui gênent la navigation et celle des pirates qui entravent le commerce.

Partisans d'une poussée du Japon plutôt vers le sud que vers le nord, afin de donner, disent-ils, un éxutoire au trop-plein des populations du Hondo, Formose n'est plus, à leurs yeux avides, qu'un simple pont propre à servir d'appui pour une enjambée immédiate vers le Fo-Kien, Canton, les Kouang et l'Indo-Chine.

Et puis, il y a autre chose : *Lorsque, par l'accord de la Russie, de l'Allemagne et de la France, Port-Arthur nous fut enlevé ; quand Weï-Haï-Weï eut été occupé par l'Angleterre avec notre assentiment, nos hommes d'Éta-*

---

1. Association sino-japonaise.

impérialistes n'ont pas voulu voir que la Russie, ayant été l'instigatrice de cette déloyauté, devait en être punie la première ; ils ne virent que le fait brutal de notre exclusion du Liao, non point dans son origine, mais dans ses conséquences. Connaissant très bien — trop bien, pourrais-je dire — les forces navales, assez peu développées à cette époque, des nations occidentales, ils s'étonnaient de la couardise de l'Angleterre, de l'abandon où elle nous laissait, et ils crurent voir dans cette inexplicable retraite une certaine appréhension de la marine française, laquelle, en venant s'ajouter aux flottes combinées de l'Allemagne et de la Russie, eût pu frapper l'Angleterre en Occident et lui enlever la suprématie navale.

« Sans la France, me disaient déjà à cette époque quelques-uns de ces exaltés, l'Angleterre ne nous eût pas laissés à notre triste sort, nous n'eussions jamais abandonné Moukden, qui nous aurait valu plus tard Séoul, pour accepter cette lamentable compensation insulaire de Formose. Aussi les Français doivent-ils subir la peine du talion. Il est juste qu'ils se trouvent atteints par l'arme même qu'ils ont mise entre nos mains, qu'ils nous ont, par leurs intrigues, forcés de prendre. »

Depuis, ils ne cessent de demander si l'organisation militaire de l'île répond à leurs intimes préoccupations. De même qu'ils ont applaudi à la constitution progressive des bataillons pépovans (¹), à la construction de casernes aux Pescadores et à Anping, à la japonisation de l'île par l'exclusion systématique de l'élément chinois, incapable d'être militarisé, ils s'impatientent et s'indignent de voir qu'après le passage de six gouverneurs à Formose, nous ayons encore à entreprendre des luttes contre les Hakkas et les Tchin--Huans sur les deux cinquièmes de la superficie de l'île; ils trouvent notoirement insuffisantes les trois brigades mixtes que nous y entretenons; *ils demandent anxieusement la constitution projetée d'une 13ᵉ division dans laquelle ils comptent déjà tenir le premier élément d'un corps de débarquement en Indo-Chine, tout préparé dans l'hypothèse d'une guerre avec la France.*

C'est pourquoi, comparant l'étendue de leurs désirs à la modicité des réalisations, ils gémissent, comme les *Kenseihonto,* sur l'incapacité prétendue des représentants de Sa Majesté à Kelung, ainsi que sur les 100 millions de yen dépensés en pure perte et « enfouis sans espoir de récolte, disent-ils, dans une terre ingrate ».

Je suis étonné qu'entre ces deux partis extrêmes, mes amis *Seyukai* (²) ne fassent pas entendre un langage plus raisonnable. Je vois avec stupéfaction qu'eux aussi prêtent une oreille complaisante aux propos malveillants que suscite l'administration de Formose; mais je sais d'où partent tous ces mauvais bruits.

Il y a ici des gens résidant dans l'île, c'est-à-dire mieux au courant que quiconque des difficultés que nous avons à vaincre, mais dévorés d'ambition, et qui éprouvent le besoin intime de dénigrer les autres dans l'espoir d'être récompensés de leurs critiques. Ils envoient donc, soit par télégrammes, soit par lettres personnelles, à leurs amis de la métropole, leurs injustes

---

1. Les Pépovans sont une peuplade belliqueuse de Formose, parmi laquelle les Japonais recrutent des soldats indigènes et la police locale.

2. Constitutionnels-libéraux.

observations au lieu de venir s'aboucher avec moi, et de me communiquer leurs motifs de mécontentement. Pourtant, ce serait là leur devoir.

Heureusement, ma police est trop bien faite pour que j'ignore ces plaintes et les noms de ceux qui les formulent ; et je prie Votre Excellence de croire que je saurai répondre aussi bien aux contempteurs masqués qu'à ceux qui me font à la fois l'honneur et le plaisir de me critiquer au grand jour.

Je puis déjà donner à Votre Excellence un échantillon de leurs procédés de polémique.

On vous fait savoir, mon général, que mon administration ne cesse de s'appuyer sur les brigands du centre et de l'ouest de l'île. Mon administration vous dit-on, compose avec les pirates, leur alloue des rentes viagères, voire des retraites honorables, leur constitue des fiefs de tout repos. Bref, voilà une honte pour le Japon en même temps qu'une plaie pour le budget.

Je répondrai simplement qu'à la guerre on n'a pas toujours le choix des moyens, que *toutes les armes employées pour soumettre l'ennemi sont bonnes à condition d'être effectives*. Avant tout, ne faut-il pas pacifier Formose? Eh bien ! j'y travaille. Que veut-on de plus?

D'autres s'étonnent de ma sévérité envers les Chinois « nos frères ».

Mais les Chinois, vous le savez bien, nous ont envoyé ici les Pavillons-Noirs, et notamment ce Liu-Vinh-Phuoc, que connurent jadis les Français dans le delta du Song-Coï. Ne devait-il pas paraître tout indiqué à mes prédécesseurs comme à moi d'imiter à l'égard de ces brigands les méthodes qui ont réussi aux Français ? On les a donc combattus par le fer et par l'or. Somme toute, nous avons agi comme les Français vis-à-vis des Déo-Van-Tri et des Luong--Tam-Ky, pour lesquels on a été jusqu'à créer des haras et des exploitations agricoles dans le nord du Tonkin.

Chose extraordinaire! je n'ai pas réussi non plus, paraît-il, à satisfaire mon honorable ami le prince Konouyé ([1]). La *Kokumin-Domei-Kvai*, l'association dont il est le président, devrait pourtant voir que nous ne perdons pas de vue *le principe premier de « l'Asie aux Asiatiques », principe qu'elle a mis à la mode, qui est le mien, et qui doit être d'ailleurs celui de tout bon Japonais*. On nous accuse, de ce côté, d'employer des procédés de pacification calqués sur ceux des Américains à Hawaï et aux Philippines. Qu'ils se détrompent ! Ce n'est pas au moment où Tokio reçoit avec respect Aguinaldo, victime de l'expansion américaine, que je songerais, pour mon compte, à reprendre les procédés qui ont si mal réussi à nos voisins d'au delà du Pacifique.

Étant, moi aussi, autant que personne, un japonisant, je m'étonne vraiment de n'avoir l'acquiescement de personne dans la métropole, ni de ceux qui travaillent à l'avènement du « plus grand Japon », ni de ceux *qui rêvent du « pannipponisme »*, ni de ceux qui veulent la paix, ni de ceux qui désirent la guerre, ni des économistes, ni des militaires?...

La vérité, Excellence, c'est que je suis la victime d'une situation que je n'ai pas créée.

Quand mon éminent prédécesseur, S. E. le baron Nogi ([1], crut devoir dimi-

---

1. Président de la Chambre des pairs.

2. Le général-lieutenant Nogi est celui qui a commandé les troupes d'investissement de Port-Arthur.

nuer le personnel administratif de Formose, en renvoyant dans la métropole un certain nombre de lettrés dont les services fort coûteux ne lui paraissaient point indispensables, on vit se manifester les premiers symptômes d'une irritation qui ne pouvait qu'aller croissant, non seulement parmi ceux qui devaient quitter l'île, mais parmi ceux qui, continuant d'y exercer leurs fonctions, voyaient leurs appointements diminués par mesure d'économie. On blâma chez mon prédécesseur ce qu'on appelait ses « méthodes de civilisation à l'allemande ». On commença à crier contre les expulsions de Chinois, qu'avait prévues cependant l'article 5 du traité de Shimonosaki; on regretta, en termes empreints de mécontentement, l'exode des capitaux qui abandonnaient l'île pour retourner en Chine; on le rendit responsable de l'appauvrissement du budget local.

Y a-t-il une part de vérité dans ces reproches? Je ne le crois pas. En tout cas, ma politique tendra à réparer les erreurs les plus évidentes, dans la mesure où l'intérêt bien compris de l'empire me paraîtra l'exiger. Je suis assez sincèrement *partisan d'une politique sinophile pour tenter par tous les moyens possibles de nous rapprocher de notre voisin de l'ouest*, et je n'aurai nullement à faire violence, comme on l'a dit, à mes sentiments intimes pour inaugurer à Formose cette ère nouvelle de pacification.

En attendant, je prie Votre Excellence de bien considérer que toutes les critiques formulées à l'endroit de mon administration et de celle de mes prédécesseurs procèdent pour une large part d'envieux, de jaloux et de mécontents.

Est-ce à dire que, *dans la lutte immense que nous aurons à soutenir et que nous préparons contre l'Occident, Formose n'ait pas un rôle de premier ordre à jouer ?* Au contraire. Mais je crois devoir réclamer, pour l'exécution de cette vaste tâche, trois qualités dont nos impatients contemporains ne sont pas pleinement doués : *la clarté dans la conception d'une politique, l'esprit de suite dans l'exécution et un emploi judicieux du temps disponible.*

Votre Excellence m'excusera si, dans les pages suivantes, je semble sortir du programme administratif que m'a confié Sa Majesté, et si je me livre à diverses considérations sur la politique extérieure qui ne sont pas absolument de mon ressort. Mais Votre Excellence comprendra que, par suite des projets grandioses caressés à la cour et au *Genro*, dans le but de *faire de Formose une sorte de pointe avancée vers le sud, une manière d'épée brandie par le Japon contre tous les peuples européens établis dans le Midi asiatique*, je sois enclin à m'expliquer le premier sur les voies et moyens, et que je saisisse cette occasion d'un exposé budgétaire et technique pour faire connaître mes idées. Du reste, mes titres d'ancien ministre de la guerre et de conseiller particulier, honoré de la confiance de Sa Majesté, peuvent encore m'autoriser, dans une certaine mesure, à vous soumettre quelques plans d'actions politique et militaire dont Formose pourrait être la base.

Je commencerai par dire qu'à mon sens l'opinion publique et l'opinion parlementaire au Japon ne sont pas aiguillées dans une direction précise par les pouvoirs responsables. L'opinion japonaise s'éparpille sur trop de désirs au lieu d'être tendue de toute la force de sa volonté vers la réalisation d'un seul projet, de celui qui, logiquement, doit être le premier. La sagesse dit pourtant qu'il faut débuter par quelque chose, et non par tout à la fois.

Voici six années, à peine, que nous sommes à Formose.

Pendant longtemps, notre occupation a dû se limiter aux cités du littoral. Depuis deux ans seulement, notre pénétration s'accentue dans l'intérieur. Et c'est le moment où notre commerce est encore très minime, où les populations sont loin d'être ralliées à nous, où nous connaissons tout au plus la moitié des richesses de l'île; c'est ce moment que choisit notre presse pour enfanter les plus mirifiques projets, pour déclarer que l'île « japonaise » de Formose *doit* être, qu'elle *peut* être, et qu'elle *est* déjà une étape toute préparée pour la conquête du Midi.

Sont-ce donc nos six bataillons indigènes, ou même nos trois brigades mixtes, à peine assez nombreuses pour garder un territoire égal au dixième de la superficie du Japon, qui iront se lancer dans une marche victorieuse sur Hong-Kong, Canton, Hanoï, Saïgon, Manille, Bangkok et Batavia ? Ce n'est pas sérieux. Nous ne sommes pas souverains incontestés de la mer de Chine comme nous sommes maîtres de notre mer intérieure.

Les affolés de l'expansionisme oublient que si nous avons, à pied d'œuvre, le meilleure et la plus nombreuse armée de tout l'Extrême-Orient, nous n'avons pas la marine indispensable pour convoyer cette armée à 2.000 milles de nos îles, pour la protéger et la ravitailler en munitions et en vivres.

On m'a dit quelquefois, non sans ironie : « *Vous craignez donc beaucoup les deux ou trois navires français qui stationnent dans le golfe du Tonkin?* »

Certes non, ces navires-là ne m'inquiètent guère, mais, après leur destruction inévitable, une escadre française viendrait les venger, puis une deuxième, puis une troisième. Et alors, quel serait le sort de notre armée, même victorieuse, si la mer était au pouvoir de nos ennemis ?

Mes contradicteurs s'écrieront qu'il faut doubler. tripler le programme supplémentaire de l'amiral Yamamoto, — ce programme qu'on trouve déjà excessif, et qui, hélas ! ne sera peut-être pas voté...

Excellence, le Japon est soumis à une alternative à laquelle il ne peut échapper. Ou il sera, à l'image de l'Angleterre, une puissance navale dominant les mers d'Orient; ou il sera une puissance militaire, se contentant de posséder une flotte secondaire, comme aujourd'hui. Il ne peut être l'une et l'autre, et — chose encore plus certaine — il n'est pas, pour l'instant, l'une et l'autre.

Et la conséquence de cette situation est très simple :

Dans le cas où nous chercherions un adversaire à combattre, nous devrions nous demander quel est celui qui nous gêne le plus par son expansion, et celui dont les forces navales nous gêneront le moins. Or, à mon avis, l'ennemi le plus immédiatement inquiétant, et le plus vulnérable aussi, est au nord.

On fait valoir, il est vrai, en faveur d'une attaque immédiate des possessions asiatiques de la France, l'insuffisance actuelle des forces militaires et maritimes en Indo-Chine, et la situation peu brillante de la marine marchande française, qui lui permettrait difficilement les grands convois de troupes. Cela est vrai. Mais, dans l'hypothèse d'une victoire, que gagnons-nous? Une colonie productrice de riz, et dont le sous-sol est riche en mines, mais qui n'a encore ni chemins de fer établis, ni ports définitivement outillés, à part Saïgon, qui est à 2 000 milles de Nagasaki.

On se plaint des 15 millions de *yen* que nous coûte actuellement Formose;

on pourrait y ajouter dès maintenant 40 millions par an pour administrer l'Indo-Chine, sans compter les 200 millions de *yen* que nous coûteraient les six mois de sa conquête, et sans compter la flotte tout entière à reconstituer, afin de pouvoir conserver notre nouvelle possession.

On nous assure, il est vrai, que l'excédent des territoires surpeuplés du Kiou-Siou, du Si-Kok, du Hondo se dirigera vers les nouvelles colonies japonaises du sud asiatique.

N'est-ce point encore une illusion?

Nos émigrants vont-ils tant que cela dans le centre et le sud de la Chine, beaucoup plus rapprochés de nous cependant? Sont-ils si nombreux au Fo-Kien? On me dit que nous n'avons pas deux cents nationaux à Amoy, pas cent à Fou-Tchéou, pas cinquante à Swatow, dans ces villes que le gouvernement de Pékin nous a promis de réserver à notre influence.

Ceux qui poussent à la marche en avant vers le sud invoquent le précédent de Formose qui a vu doubler en six années sa colonie japonaise, et ils craignent en même temps que cet accroissement annuel ne se maintienne pas, qu'il ne subisse même un temps d'arrêt. Je crois ces craintes assez fondées, mais la cause n'en est-elle pas dans le surpeuplement de Formose : un habitant pour un *cho* de terrain, --- presque autant qu'au Japon? Or, le même déplorable phénomène se produira en Indo-Chine, puisque les parties les plus riches de *notre future possession*, le Delta et la Cochinchine, sont déjà aux mains d'une population très prolifique et trop nombreuse.

Il est très admissible que la Russie, retenue par la crainte d'une attaque de l'Allemagne ou de l'Angleterre, nous laisserait régler tranquillement notre conflit avec la France. Mais, après une guerre victorieuses contre la France, quand le Japon aura perdu la moitié de sa flotte et vidé ses arsenaux, il constatera avec stupeur que la Russie aura poussé ses lignes de emins de fer en Corée, transporté sa base navale de Port-Arthur à Fousan à 2 000 milles de Sasebo. Plus qu'un simple bras de mer à traverser, et voilà cosaques chez nous.

Et qu'y faire? Obligés d'une part de consacrer nos ressources au développement de notre nouvelle acquisition indo-chinoise, devenus un objet d'inquiétude pour nos alliés anglais dont nous serons les voisins aux Indes, suspects à l'Amérique, à l'Allemagne, à la Hollande, dont les possessions coloniales ne sont pas plus « légitimes », après tout, que celles des Français ; astreints à détacher une partie de notre marine, déjà si affaiblie, pour assurer la protection des rivages de la mer annamite, nous perdrons la bataille décisive dans la mer du Japon, à quelques lieues de nos côtes.

Si nous laissons grandir la flotte, aujourd'hui peu inquiétante, de l'ennemi du nord, pour le vain plaisir de combattre et de vaincre avec facilité la petite armée coloniale d'un de ces adversaires du sud qui, pour l'instant, ne nous gênent absolument pas, nous aboutirons à ce résultat lamentable de la victoire remportée en pays étranger et de la défaite subie chez nous. Nous aurons donné à l'ours sibérien le temps d'arriver, à pas lents mais sûrs, jusque sur le territoire inviolé du Yamoto [1].

Je sais l'objection qu'on peut faire. En commençant contre la Russie *l'attaque que nous méditons contre tout l'Occident*, nous risquons d'échouer pour

---

1. Nom poétique donné à la patrie japonaise.

nos débuts. Aurons-nous l'appui effectif de l'Angleterre? Détruirons-nous
même la flotte russe? N'ensevelirons-nous pas finalement notre armée
dans les montagnes couvertes de neige de la Coréo-Mandchourie? Nous pouvons perdre la partie, et alors nous sommes repoussés dans nos îles.

Comme je vous l'ai déjà dit maintes fois, Excellence, de nombreuses raisons m'incitent à compter sur la victoire de nos armes dans une lutte sur
terre contre la Russie, à la condition, toutefois, que nous ne tardions pas
trop longtemps à faire cette guerre.

Mais je veux être beau joueur dans cette discussion. *J'admets même notre
défaite.* Le Japon ne gagnera aucun territoire en Corée et en Mandchourie,
Port-Arthur restera russe et Weï-Haï-Weï ne sera jamais, en conséquence,
rendu à la Chine. Cependant, au moins, nos îles seront sauvées d'une invasion ultérieure que la Russie, échaudée par notre résistance opiniâtre, n'en-
treprendra probablement jamais. *Nous ne nous retirerons pas sans avoir
acquis un certain prestige dû à la vigoureuse défense que nous aurons opposée
à la force moscovite. Nous aurons le bénéfice d'une certaine commisération,
et des sympathies qui vont d'ordinaire à tous les vaincus. Nous retrouverons
la confiance de la Chine qui nous aura vus dépenser notre dernier sen (du moins
on le lui fera croire) pour lui rendre la Mandchourie. Nous insinuerons à
l'oreille des Waï-Wou-Pou de Pékin que la supériorité numérique des soldats
chinois, appuyée sur une organisation japonaise, eût assuré la victoire. Nous
flatterons l'orgueil chinois qui, satisfait de voir que nous aussi nous sommes
vaincus par les Occidentaux, achèvera d'oublier le traitement que nous lui avons
fait subir, il y a huit ans, à lui-même.*

*Notre défaite dans le nord, en supposant qu'il faille s'y résigner, aurait
un avantage inattendu : elle fournirait à notre diplomatie les arguments qu'elle
cherche contre la France.*

Rejetés hors de la Corée et de la Mandchourie, nous n'avons pas d'autre
alternative, au regard de notre peuple comme au regard des autres gouver-
nements, que de nous replier vers le Midi asiatique, c'est-à-dire vers le Fo-
Kien, les Kouangs, l'Indo-Chine. ou bien les Philippines et les Indes hol-
landaises. *Notre marche en avant contre la France serait légitimée devant le
monde entier, car les possesseurs de Hong-Kong, des Philippines et de Java
trouveraient très opportun que nous nous en prenions plutôt à la France qu'à
eux-mêmes. Ce serait détourner d'eux le péril qu'ils sentent prochain.*

*Ce serait, en second lieu, tirer une éclatante revanche de l'appui apporté
par la France à la Russie. Si la Russie arrivait jamais — ce que je ne crois
pas possible — à transporter 800 000 hommes à 8 000 milles de Pétersbourg,
sur les deux rails de son transsibérien, quelle est la nation qui aurait accompli
cet extraordinaire tour de force ? C'est la France, c'est l'or français. Et si la
Russie parvenait — ce que j'estime encore plus impossible — à recommencer
de ce côté-ci de l'Asie les quarante mois de guerre du conflit russo-turc, elle ne
pourrait y réussir qu'avec le concours formel ou secret de son alliée. C'est donc
la France, ou du moins l'épargne française, qui nous aurait deux fois vaincus.
La France serait désignée tout naturellement à nos ressentiments comme, du
reste, à ceux de la Chine, qui conserve, depuis vingt ans, une vieille dette à
régler avec elle.*

Tandis que maintenant, quelles raisons invoquerez-vous pour chercher querelle aux Français ? En fait, il n y en a pas. Je ne veux pas tomber dans les scrupules sentimentaux du général Oyama, mais je n'hésite pas à dire qu'une guerre faite par le Japon à la France, dans les circonstances actuelles, serait à peu près totalement incomprise. On en verrait bien le but, mais on n'en saisirait pas la cause explicative.

L'avenir serait tout autre. Nous lierions partie avec la Chine, nous obtiendrions d'elle d'acquiescer à nos projets d'action contre le Tonkin. L'accord entre la Chine et nous pourrait être, à son choix, tacite ou déclaré ; peu importerait pourvu que notre diplomatie obtînt de la Chine l'occupation temporaire du Fo-Kien par ses armées. Et le Fo-Kien, situé à 100 milles seulement de Formose, constituerait la base militaire qui nous manque actuellement sur le continent, afin de pouvoir opérer avec sécurité contre l'Indo-Chine, et assurer le ravitaillement par terre de l'armée d'invasion, sans avoir à redouter les coups de la marine française ([1]*).*

1. M. René Pinon, dans son article sur la *Japonisation de la Chine*, nous parle en ces termes des efforts faits par les Japonais pour se rendre maîtres de la base militaire d'opération contre les Français dont parle ici le baron Kodama. Ces dires ne sont-ils pas une preuve de plus de l'authenticité du rapport publié par *l'Écho de Paris?*

« Le principal effort des Japonais, au point de vue industriel et commercial, s'est porté sur la province du Fo-Kein, située en face de Formose, sur laquelle, depuis longtemps, ils ont jeté leur dévolu ; ils ont même demandé pour cette province, du gouvernement chinois, une de ces étranges « déclarations d'inaliénabilité » qui étaient de mode vers 1898 et grâce auxquelles les grandes puissances prétendaient marquer par avance la part qui leur reviendrait si le partage de la Chine venait à s'accomplir jamais... Suivant leur méthode habituelle, les Japonais ont commencé par envoyer des instructeurs militaires à l'école fondée par le vice-roi Hsu en 1901, et par créer, dès 1899, une école de langue japonaise et chinoise, dont nous avons déjà parlé ; les promoteurs et les bailleurs de fonds de cette école sont des Chinois japonisants parmi lesquels un certain Chen-Pao-Schen qui, disgrâcié jadis à la demande de la France pour avoir poussé à la guerre contre nous, a pris en haine l'influence française et s'est fait l'agent le plus actif des Nippons. Une succursale de la banque de Taiwan, qui s'occupe de prêts sur gages, de prêts hypothécaires et de ventes à réméré, trois lignes de navigation côtière attestent l'activité des Japonais. Mais, ce qui est surtout curieux à noter, ce sont les procédés auxquels ils ne craignent pas de recourir pour augmenter leur influence et évincer leurs concurrents. Ils ont répandu le bruit que toute la province allait être prochainement cédée au Japon et que tous ceux qui ne se montreraient pas dès maintenant leurs amis auraient à s'en repentir ; mauvaises querelles, dénonciations, calomnies, ils ne reculent devant rien pour soutenir leurs partisans et opprimer les autres ; ils font régner la terreur ; sous le prétexte de protéger leurs sujets de Formose établis dans le Fo-Kien, les agents consulaires japonais délivrent, contre une rétribution dont le tarif est connu, des patentes de protection qui assurent à ceux qui en jouissent une scandaleuse impunité. Cinq familles chinoises, parmi les plus riches de Fou-tchéou, se sont mises au service des Japonais ; elles obtiennent, grâce à eux, tout ce qu'elles veulent pour elles-mêmes et pour toute la clientèle qui accourt autour d'elles... Falsifier des titres pour fortifier un droit douteux, fabriquer de fausses pièces, soutenir par tous les moyens un plaideur de mauvaise foi, sont les procédés courants par lesquels les Japonais espèrent décourager et supplanter les Européens, et particulièrement nos compatriotes... Les progrès des Japonais dans cette province nous touchent particulièrement parce que nous y pos-

Du reste, je m'expliquerai plus au long sur ce projet, à la fin du rapport. D'une façon générale, le résultat à obtenir *consisterait tout simplement à faire jouer à la Chine, contre la France, le rôle que la Corée jouera, de gré ou de force, contre la Russie.*

J'aborde enfin les raisons supérieures qui doivent nous décider à ajourner une guerre avec la France.

Supposons que huit années se soient écoulées. Nous sommes à la quarante et unième année du Meiji ([1]). Les Français ont construit 3 000 kilomètres de voies ferrées, creusé et outillé les ports de guerre et de commerce de Kouang-Tchéou, Honghai, Haïphong, Tourane, Saïgon ; ils ont assaini, irrigué le pays. Des emprunts émis par la colonie ont donné au commerce et à l'industrie un vif essor. *L'Indo-Chine, alors organisée et pourvue de tous ses moyens de production, vaudra la conquête. De notre côté, nous connaîtrons bien mieux la topographie locale ; nos agents auront visité le pays plus minutieusement que n'ont pu le faire les missions dirigées par le général Kowakami ; des consuls japonais seront installés dans les villes principales, nous aurons pu nouer des intelligences avec les bonzes, les mandarins de la cour de Hué ; des vaisseaux de commerce japonais fréquenteront régulièrement les ports et nous n'aurons plus à faire la constatation douloureuse à laquelle nous obligent les statistiques de cette année : deux navires japonais seulement ont visité la mer d'Annam !*

D'autre part, avant huit ans, Formose désormais pacifiée possédera de véritables ports de refuge pour notre flotte, disposera de lignes ferrées pour le transport des troupes aux principaux points d'embarquement.

Si la métropole consent à allouer les ressources nécessaires pour la création d'un arsenal et d'une fonderie semblable à celle que nous montons à Wakamatu ; si nous possédons d'avance les batteries, les fusils, les munitions, les approvisionnements indispensables à une armée de 75 000 hommes ; si la diplomatie japonaise sait provoquer les hostilités à une époque telle que le convoi de troupes destiné à partir de Formose et à prendre pied au Fo-Kien puisse profiter des courts intervalles de calme entre les moussons, il est de toute évidence que les précautions indispensables auront été prises, et qu'un tel plan d'attaque doit forcément réussir.

Votre Excellence se rendra à mes raisons ; mais je connais trop l'obstination de certains partis d'opposition au Japon pour ne pas chercher d'avance les objections qu'on ne manquera pas d'opposer à mes idées.

« Vous demandez du temps, me dira-t-on, pour constituer à Formose la base d'opérations nécessaire contre l'Indo-Chine. Êtes-vous sûr que les Français vous l'accorderont bénévolement, qu'ils tomberont dans votre piège, et qu'ils ne mettront pas à profit le délai que vous désirez pour renforcer leurs troupes d'occupation ? »

---

sédons, nous aussi, des intérêts considérables : on sait que l'arsenal de Fou-tchéou est dirigé depuis trente ans par des ingénieurs français et que la Société d'étude du Fo-Kien a obtenu la concession des mines des préfectures de Kien-Ming, Stao-ou et Ling-tchiou. »

On voit que les prétextes du prochain conflit avec la France, quand ils jugeront le moment opportun, leur seront faciles à faire naître !

1. En 1910, ou, si nous tenons compte de la rectification japonaise, en 1908.

Évidemment, cela se peut. Mais, en tout cas, il y a une chose que les Français ne pourront pas faire, c'est rapprocher la distance qui les sépare de Saïgon, c'est réduire le temps nécessaire à l'arrivée des renforts. Et, pour bien montrer que mon plan n'est pas chimérique, qu'il est au contraire le seul destiné à faire tomber entre nos mains, avec le moins de frais possible, ce qui sera peut-être, à l'époque dont je parle, la plus désirable colonie d'Extrême-Orient, *j'ai fait établir, par les officiers de mon cabinet militaire, les pièces annexes permettant une discussion plus serrée et plus approfondie de mes propositions.*

Je résume d'abord les obstacles qui s'opposeraient aujourd'hui à une victoire de nos armes dans une guerre faite contre la France sur le territoire indo-chinois.

La non-préparation de Formose à son rôle offensif nous obligerait à reporter notre base d'opérations à Nagasaki, à 2 000 milles de Saïgon.

Cette distance est trop considérable : elle nous interdit une utilisation efficace du temps dont nous disposons. L'escadre française de la Méditerranée arriverait assez tôt pour couper les communications entre notre armée d'invasion et la métropole.

La faiblesse relative de notre flotte, comparée aux escadres françaises, entraîne avec elle l'impuissance finale de notre armée de terre. Elle aurait beau remporter victoires sur victoires en territoire ennemi, elle succomberait finalement sous des efforts lents à se produire, mais inévitables.

La France est, certes, une nation qui se décourage vite, mais elle a un atout sérieux dans son jeu : elle est riche, et je crois personnellement qu'elle trouverait les moyens d'amener 200 000 hommes à 7 000 milles de Marseille, d'autant plus qu'elle possède déjà sur la route des points de stationnement, d'abri, de ravitaillement, ébauchés à Bizerte, Djibouti, Diègo-Suarez, Mascate.

Nos relations avec le gouvernement chinois ne sont pas, pour l'instant, suffisamment étroites, ou même amicales, pour que la Chine consente à nous laisser occuper, même temporairement, la province de Fo-Kien, et utiliser les routes côtières qui mènent aux frontières indo-chinoises. D'un côté, la Chine d'aujourd'hui obéit trop servilement aux suggestions russes pour oser enfreindre ainsi les lois de la neutralité. Et, d'un autre côté, l'absence de voies ferrées entre Canton et le Fo-Kien rendrait nos communications longues et pénibles, sur les 900 milles qui séparent le Fo-Kien des frontières septentrionales de l'Indo-Chine. Au contraire, quand la ligne ferrée Pékin—Han-kéou aura été poussée jusqu'à Canton, *quand les Français auront construit les lignes qu'ils projettent de Kouang-Tchéou-Ouan à Ou-Tchéou-Fou, de Lang-Son à Nanning-Fou, dans le sud de la Chine, nous n'aurons qu'à mettre la main sur ces lignes ferrées (que nous qualifierons, du reste, de « prises de guerre »), pour les utiliser au transport de nos propres approvisionnements. L'adversaire aura réellement travaillé pour nous.*

L'Angleterre, dit-on, se mettrait aujourd'hui de notre côté. Elle nous fournirait des vaisseaux de guerre qui protégeraient nos lignes de communication par mer.

...Votre Excellence me pardonnera encore si je sors de la réserve diplomatique qui m'est imposée. Je m'adresse à un général, je parlerai en soldat. *Or l'Angleterre n'a jamais aidé personne, dans le sens désintéressé du mot.*

Nous désirons l'Indo-Chine. Elle aussi. C'est, à mon sens, la raison naturelle pour laquelle elle ne nous aidera jamais à la prendre, parce qu'une fois prise nous ne renouvellerions pas le précédent de Port-Arthur, nous la garderions. Quelques-uns croient que l'Angleterre nous continuera ses sympathies, pour la raison spécieuse que, nous aussi, nous sommes l'Angleterre, celle de l'est. Oui, nous sommes une autre Angleterre... pour notre malheur ! Car si la nature ne nous avait pas faits insulaires, si nous étions des continentaux, nous aurions bientôt changé la face du monde asiatique. Pour notre malheur ! car c'est une chose anormale en soi que deux Angleterres, l'une riche et l'autre pauvre, même séparées l'une de l'autre par la moitié du globe, puissent se supporter et vivre.

Je vais exposer techniquement, mais aussi brièvement que possible, la genèse du plan qui pourrait être adopté, quand l'île de Formose aura été rendue apte à jouer le rôle prépondérant qu'elle doit remplir dans l'hypothèse d'un conflit ultérieur du Japon avec la France.

La pièce annexe 1, que j'ai l'honneur de mettre sous les yeux de Votre Excellence, contient le tableau comparatif des mouvements de troupes que nous pourrions exécuter, pendant les trente-cinq premiers jours d'une guerre, soit qu'elle se produisît aujourd'hui (33ᵉ Meiji) ou dans huit ans (41ᵉ Meiji).

Pièce 1. — Temps nécessaire au transport de la première armée japonaise en Indo-Chine (¹)

33ᵉ Meiji (1902)	JOURS	*41ᵉ Meiji (1910)*	JOURS
Lancement de l'ordre de mobilisation de 125 000 hommes et arrivée des réservistes	8	Mobilisation à Formose de la 13ᵉ division	10
Habillement	2	Concentration à Nagasaki des 12ᵉ et 6ᵉ divisions terminée en même temps.	
Réquisition des chevaux et mulets terminé le dixième jour.		Transport de ces deux divisions à Formose	2 1/2
Voyage aux points d'embarquement	3	Débarquement à Kelung et Tamsui (Formose)	1
Embarquement	3	Retour à vide du convoi aux divers ports du Japon	3 1/2
Transport par mer, partie sur Saïgon (Phan-Tiet) et partie sur Tien-Yen	8 1/2	Parallèlement, le dix-septième jour, sont terminées au Japon la mobilisation, la concentration aux divers points d'embarquement des cinq divisions prévues pour l'invasion immédiate de l'Indo-Chine.	
Débarquement simultané	2	Ci	17
Retour à vide du convoi au Japon	7 1/2	Embarquement des cinq divisions (125 000 hommes)	3
TOTAL	34	Voyage sur *Tourane*	8
		Débarquement général	3
		Retour à vide du convoi à Formose.	4
		TOTAL	35

Aujourd'hui, on ne pourrait commencer les hostilités en Indo-Chine avant la fin du premier mois après la déclaration de guerre. Dans huit ans, *il en serait de même*, mais on aurait obtenu le grand avantage de posséder à Formose, prêtes à partir pour un second convoi, d'autres divisions.

---

1. Cette pièce est un peu obscure. On croit comprendre cependant quel est l'avantage de ce nouveau dispositif sur l'ancien : 1° deux concentrations de troupes se font

La pièce 2 montre le service rendu aux transports de notre armée par l'organisation préalable d'approvisionnements et de munitions dans le camp retranché de Formose, ainsi que par l'établissement de quais et de bassins aptes à abriter un grand convoi de navires. La pièce 2 indique un débarquement futur comme possible dans le port de Kouang-Tchéou, au nord de Lei-Tchéou. En effet, ce port, cédé à bail à la France par la Chine, est, en réalité, déjà une possession française. Dans une huitaine d'années, les Français y auront fait certains travaux de dragage et de quais, des installations très précieuses pour nous. Mais aujourd'hui, d'après des renseignements très sûrs que je possède, ce port renferme à peine un appontement pour les petits navires, et les Français l'abandonneraient. Il ne nous servirait de rien, et notre second débarquement devrait avoir lieu à Vinh.

Pièce 2. — Temps nécessaire au débarquement de la deuxième armée

33e Meiji (1902) — JOURS

Embarquement au Japon de trois divisions nouvelles mobilisées en même temps que les premières (75 000 hommes)... **3**
Voyage vers Vinh (Annam).. **8 1/2**
Débarquement... **2**

 13 1/2

A ajouter... **34**
Total des jours... **47**

41e Meiji (1910) — JOURS

Embarquement à Formose des trois divisions arrivées le dix-septième jour..... **3**
Voyage de Formose à Kouang-Tchéou... **3**
Débarquement des troupes et des approvisionnements pour les deux armées...... **2**

 8

A ajouter... **35**
Total des jours... **43**

Le résultat est un gain de quatre jours. Mais ce gain est absolument indispensable parce qu'aujourd'hui ce débarquement à Vinh et même à Kouang-Tchéou serait rendu impossible par l'arrivée de l'escadre française à Saïgon le quarantième jour, et à Halong le quarante-cinquième. Le débarquement de notre deuxième armée dépendrait du résultat de la bataille navale.

Au contraire, mise à terre dans la baie de Kouang-Tchéou le quarante-troisième jour, la deuxième armée traverse les Kouangs (200 milles parcourus par terre en vingt-cinq jours) et arrive à la frontière du Tonkin le soixante-septième jour. Elle peut aussi ravitailler la première armée dès le soixante-dixième jour. Celle-ci n'a donc que deux mois et demi de vivres à prévoir et à traîner après elle.

---

simultanément, l'une au Japon, l'autre à Formose; 2° à un jour près (trente-cinq jours au lieu de trente-quatre) la première armée est arrivée en Indo-Chine et la deuxième est déjà prête à s'embarquer à Formose; 3° comme on le verra plus loin l'armée de Formose va avoir ainsi le temps matériel d'atterrir sur un point des côtes ennemies avant l'arrivée des premiers vaisseaux français (quarante-cinquième ou, cinquantième jour au plus tôt), ce qu'elle n'aurait pu faire en 1902.

Jusqu'au quarantième jour, nous sommes censés avoir la disposition libre de la mer. Je ne tiens pas compte de la division navale de croiseurs français qui sera toujours fort peu redoutable pour une escadre comme la nôtre. Mais je dois admettre l'hypothèse fort plausible de l'arrivée de l'escadre française entre le quarantième et le cinquantième jour. La pièce 3 fait très bien voir comment cette arrivée serait aujourd'hui un obstacle insurmontable au développement de notre plan d'action, mais comment l'obstacle peut être surmonté demain.

Pièce 3. — L'escadre française de la Méditerranée opère dans les mers de Chine

L'escadre de la Méditerranée part le quatrième jour de la guerre. A une vitesse moyenne de 10 nœuds, et après quatre stationnements de deux jours chacun à Bizerte, Port-Saïd, Djibouti, Mascate, elle parcourt en trente-huit jours les 7 500 milles séparant Toulon de Saïgon. Elle y arrive le quarante-deuxième jour. Le quarante-cinquième, elle est dans le golfe du Tonkin, en baie d'Halong, où elle se ravitaille. Son arrivée doit rendre impraticable le débarquement à Vinh de notre deuxième armée le quarante-huitième jour.

On peut envisager l'hypothèse d'un combat entre l'escadre française (6 cuirassés et 6 croiseurs cuirassés) et l'escadre japonaise sensiblement de même force. La partie étant supposée indécise, les Français n'ont qu'un seul arsenal avec bassins de radoub à Saïgon, cependant que notre escadre se trouve elle-même à 2 000 milles de Sasebo et de Kouré. Il peut arriver que les Français prennent la précaution de faire suivre, à quinze jours de distance, leur escadre méditerranéenne par celle qui stationne à Brest. Et alors, nous aurions incontestablement perdu l'empire de la mer vers le soixantième jour. Notre armée d'invasion, coupée de la métropole, ne peut plus être ni approvisionnée, ni renforcée.

Dans huit ans, les événements doivent se passer à peu près de la même manière du côté des Français. *A moins que la France n'ait obtenu de l'Angleterre et du Siam le percement de l'isthme de Kra — ce qui raccourcirait la route d'une semaine — mais ce qui est peu probable, car ce serait la ruine de Singapour,* l'escadre de la Méditerranée, supposée prête, n'arriverait pas dans le golfe du Tonkin avant le quarante-cinquième jour, au plus tôt. Les cuirassés qu'elle a mis en construction ne sont pas supérieurs en vitesse à ceux qu'elle possède aujourd'hui. Il est donc loisible de penser que notre deuxième armée, complètement débarquée le quarante-troisième jour, à 400 milles au nord du golfe du Tonkin (à Kouang-Tchéou), est hors de toute atteinte. Alors, notre flotte, numériquement inférieure à celle de l'adversaire, se retire vers le détroit de Formose et les îles Kouriles, se rapprochant de ses bases, tandis que la flotte française, pour la poursuivre, s'éloigne des siennes. Exposée aux tornades, aux moussons, aux torpilleurs et sous-marins semés entre les îles Riou-Kiou, l'escadre française ne tarderait pas à rétrograder, au moins pour un temps, afin de refaire du charbon.

Bien que l'on puisse objecter que les escadres françaises seront plus redoutables dans huit ans qu'aujourd'hui, et, conséquemment, que les Français pourront envoyer contre nous plus de vaisseaux qu'à présent, on ne doit pas

oublier que nos navires seront, aussi, individuellement plus forts, qu'ils
combattront près des rivages de la métropole, que nous pourrons utiliser nos
torpilleurs, et, d'autre part, que si les Français mobilisent plus d'hommes
qu'ils ne le feraient aujourd'hui, ils auront besoin de plus de bâtiments de
transport pour les ravitailler et les transporter, et, par là même, de plus de
navires de guerre pour les défendre. Mais la meilleure réponse que l'on puisse
faire à l'objection, c'est de lire, dans la pièce 4, la manière dont serait trans-
portée, concentrée et ravitaillée notre troisième armée, — au Fo-Kien,
100 milles à peine de Formose.

Pièce 4. — La troisième armée japonaise

La troisième armée comprendrait quatre divisions (100 000 hommes) et
débarquerait en trois endroits de la côte chinoise, par exemple à l'embou-
chure du fleuve Min, à Amoy, et à Swatow; elle occuperait rapidement Fou-
Tchéou et son arsenal. *Les troupes chinoises se retireraient sans combattre.* Les
obstacles qui s'opposeraient à cette opération proviendraient en premier
lieu, de la flotte française supposée en croisière sur les côtes de Formose;
en second lieu, des moussons qui sont terribles dans le détroit; en troisième
lieu, du transport énorme d'approvisionnements et de munitions nécessiares
à cette armée, qui deviendrait la pourvoyeuse des deux autres.

Le premier obstacle peut être vaincu par un emploi judicieux du temps
disponible. Étant donné que les bâtiments de transport et la deuxième
armée peuvent être de retour au Japon six à sept jours après leur départ de
Kouang-Tchéou, soit le cinquantième jour, on établit les dates suivantes :

```
Repos de dix jours accordé aux navires, terminé. . .   le 60e jour
Embarquement des quatre divisions . . . . . . . . .   le 62e  —
Débarquement au Fo-Kien . . . . . . . . . . . . .     le 68e  —
```

Les vivres, approvisionnements de réserve indispensables aux trois armées
d'occupation auraient pu être transportés à Formose pendant les deux premiers mois de la guerre, par schooners, navires à voiles et petits vapeurs
afin de gagner du temps, si l'on craignait une arrivée trop rapide de l'escadre française.

Du reste, les calculs les plus minutieux établissent que l'escadre française
ne peut pas être avant le cinquante-deuxième jour devant Formose. Ensuite
elle ignore nos intentions, car notre flotte de transport est encore en repos
dans les ports japonais. Ce serait affaire à notre propre escadre, soit de
l'attirer dans le détroit, sous les coups de nos torpilleurs, et de nos *sous-
marins* de Makung, soit de l'égarer à travers les îles Kouriles, bref, de l'occuper suffisamment pendant trois semaines, pour qu'elle nous laisse le temps
nécessaire au débarquement de la troisième armée.

En ce qui concerne les moussons, on ne peut nier que ce soit le plus grave
obstacle; mais, depuis que les phares des Lamocks, des îles Okseu, Turn-
about et Middle-Dog, ceux de Kelung et des Pescadores sont en service, la
côte est devenue beaucoup plus abordable. Rien n'empêcherait, du reste,
après l'occupation de Fou-Tchéou, que l'approvisionnement s'effectuât
directement de Nagasaki à Fou-Tchéou, sans passer par l'intermédiaire de

Formose, qui deviendrait exclusivement la base navale de notre escadre et couvrirait nos lignes de ravitaillement.

La pièce 5 décrit la marche de cette armée partant du Fo-Kien, emportant ses approvisionnements avec elle sur un parcours de 900 milles, ou bien utilisant les voies ferrées, comme il a été dit plus haut. Ainsi qu'on le verra à l'annexe 10, son arrivée coïnciderait avec le suprême effort des Français et réussirait à le briser.

Comme je l'ai dit plus haut, les forces militaires des Français en Indo-Chine seront plus considérables et mieux organisées dans la 41e année du Meiji qu'elles ne peuvent l'être actuellement. *Mais l'essentiel pour nous n'est-il pas de garder constamment une certaine supériorité numérique sur l'adversaire ? Or la lecture attentive des pièces 6, 7, 8, 9, 10 vous convaincra, Excellence, que cette supériorité numérique nous sera acquise et restera constante.*

Pièce 6. — Évaluation des troupes françaises probables (active et réserve) en Indo-Chine, en 41e Meiji

Troupes actives. — 1º Dix brigades mixtes (9e colonial et 1er tonkinois, 10e colonial et 2e tonkinois, 18e colonial et 3e tonkinois, 16e colonial et 4e tonkinois, un régiment de légion étrangère et 5e tonkinois, un régiment de légion étrangère et 1er annamite, 11e colonial et 2e annamite, 12e colonial et 3e annamite, 17e colonial [à former] et 4e annamite, 20e colonial [à former] et 5e annamite); 2º trois régiments d'artillerie coloniale (trente-six batteries); 3º dix escadrons de cavalerie, chacun affecté à une brigade ; 4º miliciens et gendarmerie indigène, tirailleurs cambodgiens et chinois, gardes-frontières.

Troupes de réserve à recruter sur place : 8 000 réservistes européens et 35 000 réservistes indigènes :

	EUROPÉENS	INDIGÈNES
Active	20 000	32 000
Réserve.	8 000	35 000
TOTAL	28 000	67 000

Ces 95 000 combattants seraient répartis dans la proportion des trois cinquièmes au Tonkin et des deux cinquièmes en Annam et en Cochinchine.

Pièce 7. — Tactiques française et japonaise

La mobilisation française des troupes indo-chinoises pourra être terminée en vingt jours. Mais nos adversaires, ignorant quel sera notre point de débarquement, obligés par la configuration de la péninsule et la situation excentrique de ses deux capitales, Hanoï et Saïgon, à diviser leurs forces, ne pourront bénéficier de leur avance de temps. Ils se concentreront évidemment à Hanoï pour nous attendre, et à Saïgon. En choisissant *Tourane* comme lieu de débarquement, nous obtiendrons plusieurs avantages. Les forces ennemies seront séparées en deux tronçons. L'adversaire ne saura pas si nous comptons nous diriger vers le nord (Hanoï) ou vers le sud (Saïgon) Une voie ferrée, parallèle à la mer, facilitera dans un sens ou dans l'autre notre ravitaillement de la base maritime choisie.

En remontant enfin vers Hanoï, nos cinq divisions, disposant d'une supériorité numérique égale au double, rejettent vers le nord ou le nord-ouest — Chine ou Laos siamois — les 50 000 ou 60 000 Français chargés de défendre le Tonkin. Nos troupes peuvent donner la main vers le soixante-dixième jour à la deuxième armée japonaise venant de Kouang-Tchou-Ouan par la de terre. Ainsi se trouvera obtenu un quintuple résultat : conquête virtuelle du Tonkin ; destruction de la meilleure position des troupes ennemies ; réception d'un renfort de 75 000 hommes ; réapprovisionnement de l'armée assuré pour plusieurs mois ; enfin, occupation du delta tonkinois, riche en riz et capable de nourrir rnotre armée presque à lui seul.

Pièce 8. — La mobilisation coloniale en France

Le Tonkin étant supposé conquis à la fin du troisième mois de la guerre, et deux armées japonaises concentrées à Hanoï (150 000 ou 160 000 hommes) pendant qu'à la même date une troisième débarque sur les côtes du Fo-Kien, que font les Français de la métropole? Ils mobilisent, en France, leurs douze régiments coloniaux disponibles, les trois régiments d'artillerie affectés au corps d'armée colonial, soit 34 000 hommes et 35 batteries.

Départ probable, le trente-cinquième jour, avec l'escadre du Nord ou une division de croiseurs cuirassés en flanc-garde. A raison de 6 nœuds à l'heure, ce convoi de vingt bateaux mettra cinquante et un jours à gagner Saïgon où il arrivera le soixante-seizième jour. Dans les jours suivants, s'opérera la formation de l'armée de Cochinchine (40 000 Franco-Annamites et 34000 hommes d'infanterie coloniale), soit en tout 74 000 Français et indigènes contre nos 160 000 Japonais : un contre deux. Notre supériorité numérique demeure écrasante.

Pièce 9. — Les Français mobilisent leur armée d'Afrique

Le deuxième groupe de marche comprendrait, du côté français, les troupes d'Afrique (zouaves, tirailleurs algériens, spahis, chasseurs d'Afrique) plus quelques bataillons de chasseurs empruntés aux garnisons du midi de la France. On mobiliserait asns doute :

	HOMMES
4 régiments de zouaves (20 bataillons).	18 000
4 — de turcos (24 bataillons)	24 000
1 régiment et demi de légion étrangère.	6 000
6 bataillons de chasseurs	5 400
6 régiments de chasseurs d'Afrique	5 400
4 — de spahis.	4 000
Artillerie (24 batteries).	4 300
TOTAL	67 100

Pour garder l'Algérie-Tunisie en l'absence de ces éléments militaires, le Gouvernement français rappellerait évidemment sous les armes les réser-

vistes européens d'Algérie et les réservistes indigènes organisés récemment par divers décrets.

Fin de la mobilisation et de la concentration des troupes d'Afrique . . . . 35ᵉ jour

    Voyage d'Alger à Saïgon (cinquante et un jours), arrivée . . . 86ᵉ —

    Repos nécessaire de quinze jours, terminé . . . . 101ᵉ —

C'est l'époque où notre armée, non encore renforcée des troupes du Fo-Kien, se mettrait en marche d'Hanoï vers le sud indo-chinois. La comparaison des forces s'établit ainsi, le centième jour :

	FRANÇAIS	JAPONAIS
Premier échelon	40 000	125 000
Deuxième échelon	34 000	75 000
Troisième échelon	67 000	»
TOTAL	141 000	200 000

réduist de 20 % après bataille : 160 000 Japonais.

Notre supériorité numérique reste indiscutable.

Pièce 10. — La dernière mobilisation française

Si les Français, non découragés encore par leurs revers et les dépenses de cette guerre, se résignaient à envoyer en Indo-Chine une portion de leurs troupes d'Europe, ils ne pourraient guère disposer que de leurs 17ᵉ et 18ᵉ corps (Toulouse et Bordeaux). Les deux autres corps du Midi (14ᵉ et 15ᵉ) sont hors de cause, étant nécessaires à la défense des Alpes. Quant aux autres, retenus en Europe, en prévision d'une guerre avec l'Allemagne, ils ne pourraient être envoyés en Asie sans troubler le plan général de mobilisation. Il en résulte que tout l'effort français contre nous finirait par l'envoi de ces deux corps en Indo-Chine (70 000 hommes, 5 000 cavaliers, 48 batteries).

Si l'on admet que la marine marchande française pourrait fournir assez de cargo-boats pour réaliser ce troisième effort, elle ne les posséderait, réunis au port d'embarquement, qu'au bout de deux mois et demi, après le retour de tous les bateaux en cours de navigation. Il en résulte que la présence du troisième échelon sur le théâtre des combats ne se produirait pas avant le cinquième mois, en même temps que notre troisième armée, venant à pied du Fo-Kien, arriverait à Hanoï.

En totalité, contre nos 300 000 soldats, les Français opposeraient successivement, le vingtième jour, 95 000 hommes; le quatre-vingtième, 34 000; le cent unième, 67 000, et le cent cinquantième, 75.000 hommes; en tout, 271 000 hommes.

La lecture de ces pièces aura, j'en suis sûr, convaincu Votre Excellence que notre victoire sur les Français ne serait pas plus douteuse, dans l'avenir, qu'elle ne pourrait l'être aujourd'hui, si l'angoissant problème de la maîtrise de la mer et de la sécurité de nos communications était résolu à notre avantage.

Ce problème, aujourd'hui insoluble, n'existera plus pour nous ou, du moins, il aura obtenu la solution la plus satisfaisante que nous puissions jamais espérer, si l'île de Formose a été préparée, dans l'intervalle, à jouer le rôle prépondérant que j'ai rêvé pour elle, et longuement exposé.

Je réclame donc de Votre Excellence la plus grande attention dans l'examen des projets que voici :

Porter à 10 millions de yen la subvention métropolitaine pour frais administratifs de l'île, *de manière à pouvoir japoniser rapidement tout l'enseignement primaire ;*

Porter à 15 millions de yen la subvention militaire annuelle, de façon à doubler le nombre des bataillons indigènes, à construire de nouvelles casernes, à compléter l'hydrographie des côtes de l'île et de celles du Fo-Kien, à entretenir une station navale à Makung, dans les Pescadores ;

Établir un sanatorium et un camp retranché, avec arsenal et fonderie, non loin des contreforts du Nitakayama (mont Morisson) ;

La quantité d'armes, munitions et approvisionnements à constituer serait approximativement celle-ci : 30 batteries de dépôt, 660 000 obus ou shrapnels, 50 000 fusils, 100 millions de cartouches, 720 000 *kokous* de riz, 600 000 *kokous* de blé ; plus du matériel de pontage, des wagons, des locomotives démontables, 250 kilomètres de rails ;

Achever la construction de la ligne Kelung-Takao, et doubler la voie ;

Creuser et fortifier les ports de Kelung, Tamsui, Makung, Anping, Takao ;

Assurer la jonction par canal des ports de Kelung et de Tamsui, et utiliser pour cela le Tamsuiki ;

Obtenir le construction d'une ligne japonaise reliant Fou-Tchéou au railway Hankéou—Canton ;

Créer des consulats japonais et des agences de renseignements à Fou-Tchéou, Macao, Canton, Pakhoï, Along, Hanoï, Tourane, Saïgon.

Après la réalisation de ces divers projets, dont tous ne présentent pas la même urgence, mais dont l'ensemble ne me paraît pas devoir dépasser le coût de 120 millions de yen, répartisables en huit années, j'estime que tout aura été préparé pour rendre victorieuse, et partant peu coûteuse, la conquête de tous les territoires étrangers du sud, par l'organisation appropriée de Formose.

Je suis de Votre Excellence le subordonné.

Lieutenant-général baron KODAMA,
Vice-roi gouverneur de Formose
(Tai-Wan) et dépendances.

Les diplomates japonais, comme nous l'avons dit, ont désavoué le rapport Kodama et ils l'ont fait avec toute la sincérité de ces sortes de serment. Que faut-il décidément penser de ce désaveu officiel ?

Dans un renvoi placé en tête du rapport, nous avons déjà cité l'opinion du journal *le Gaulois* en la matière.

Écoutons maintenant celle de la *Gazette de France :*

« On ne pouvait pas ne point désavouer, et on désavoue. Cette attitude fait partie de la fonction diplomatique. Combien de fois, jadis, le comte Münster n'a-t-il pas démenti que tel ou tel individu fût espion pour le compte de son gouvernement? Il n'avouait que lorsqu'on lui mettait les pièces sous les yeux, et alors, il déclarait innocemment qu'il s'était trompé. On faisait mine de le croire; cette attitude aussi est de protocole.

Malheureusement pour les diplomates japonais, ils rectifient à côté, et ils croient que leur assurance suffira pour modifier le jugement des Français, si nettement fixé à ce sujet, dans la grande majorité du pays. Bismarck aussi niait et protestait, se confondait en démonstrations d'amitié quand il achevait les dernières combinaisons qui devaient nous porter un coup si terrible L'intérêt du Japon le portait naturellement à courir à ce qu'il considérait comme le danger urgent. Son ambition effrénée, si elle n'est point arrêtée dans son développement, le jettera fatalement dans une agression nouvelle.

« *On se trompe sur nous*, disait un ministre japonais au com- « mencement du conflit actuel. *Nous ne sommes pas des pacifiques.*

Notre histoire démontré que la guerre est notre état nor- « mal. »

« Il serait vraiment trop naïf d'avouer si longtemps d'avance des projets d'agressions nouvelles. La lutte d'aujourd'hui absorbe toutes les forces militaires et financières du Japon. Ses hommes d'État sont trop avisés, trop dissimulés surtout pour s'exposer gaiement à des complications superflues et peut-être inquiétantes. On désavoue le rapport Kodama : on désavouerait tout autre document plus ou moins secret. S'il était avoué, il ne serait plus secret; or, le propre de la politique et de la stratégie japonaise, c'est d'opérer secrètement et nuitamment. S'il ne faut que des désaveux, tous plus officiels les uns que les autres, pour endormir tout à fait la vigilance très somnolente des Français, on leur prodiguera les narcotiques, la drogue lente ou la drogue énergique. L'expérience prouve, hélas! que nous sommes très sensibles à tous les médicaments qui ont pour objet de mettre en léthargie notre instinct national. »

Nous ferons bien cette fois, contrairement à nos tendances et malgré tous les désaveux du monde, de le tenir en éveil!

En résumé, d'après l'auteur de ce long mais si intéressant rapport, *en Indo-Chine, nous travaillons pour les Japonais!*

Mais, cet auteur est peut-être un Gascon du Yamoto? »

Ne l'espérons pas trop. Si le personnage nous prête ce rôle ridicule avec une désinvolture qui frise le persiflage d'un Cyrano, il appuie, hélas! ses dires de façon singulièrement mathématique; et la manière dont vient de se réaliser la première partie de ses prophéties : « *de nombreuses raisons m'incitent à compter sur la victoire de nos armées contre la Russie, à la condition toutefois que nous ne tardions pas trop à faire cette guerre* », est bien de nature à nous faire craindre sa perspicacité.

Quoi qu'il en soit, Gascon ou homme de génie, ce jaune est singulièrement exaspérant !

Voyez sur sa petite figure plate et ridée cette moue de dédain quand il parle de la conquête immédiate de notre *joyau indochinois*, qu'il appelle déjà en 1902, dans sa conversation avec son chef : « *notre future possession* ».

« Dans l'hypothèse d'une victoire sur la France, dit-il, que gagnerons-nous? Une colonie productive de riz et dont le sous-sol est riche en mines, mais qui n'a encore ni chemins de fer établis, ni ports définitivement outillés, à part Saïgon. »

Il juge, au contraire, que, en 1908, le fruit sera bien mûr. Ne dirait-on pas que la perspective de ce mets savoureux humecte déjà ses lèvres tandis qu'il écrit ceci :

« Les Français auront construit 3 000 kilomètres de voies ferrées, creusé et outillé les ports de guerre et de commerce de Kouang-Tchéou, Honghaï, Haïphong, Tourane, Saïgon; ils auront assaini, irrigué le pays. Des emprunts émis par la colonie auront donné au commerce et à l'industrie un vif essor. L'Indo-Chine, alors organisée et pourvue de tous ses moyens de production, vaudra la conquête. »

Pour cette conquête, il a tout prévu, jusqu'au prétexte de la déclaration de guerre qu'il formule ainsi :

« C'est la France, c'est l'or français qui aura permis à la Russie de transporter 800 000 hommes à 8 000 milles de Pétersbourg; la France sera donc désignée tout naturellement à nos ressentiments, comme du reste à ceux de la Chine, qui conserve, depuis vingt ans, une vieille dette à régler avec elle. »

Sur l'appui de la Chine, qu'il nous fait encore l'honneur de croire nécessaire, il compte formellement, et peu lui importe du reste qu'elle ose ou non le lui donner ouvertement.

« L'accord entre nous et la Chine pourra être à son choix *tacite ou déclaré*, peu importe, pourvu que notre diplomatie obtienne de la Chine *l'occupation temporaire du Fo-Kien*, situé à 100 milles seulement de Formose, qui constituera la base militaire sur le continent et permettra d'assurer le ravitaillement par terre de l'armée d'invasion, sans avoir à redouter les coups de la marine française. »

Voulez-vous savoir l'époque où se fera l'invasion ? Voici :

« La diplomatie japonaise doit provoquer les hostilités à une époque telle que le convoi des troupes destinées à partir de Formose et à prendre pied au Fo-Kien ne soit pas incommodé par les moussons » et *il est évident qu'un tel plan d'attaque doit forcément réussir.* »

Quant à l'hypothèse « que les Français mettront à profit le délai qui sépare 1902 de 1908 pour renforcer leurs troupes d'occupation », il n'en a cure, et par ses nombreuses pièces, « il en est sûr, il a convaincu l'Excellence à laquelle il s'adresse que *la victoire sur les Français ne sera pas douteuse dans l'avenir si le problème angoissant de la maîtrise de la mer est résolu* ».

Ce problème, la victoire de Tsoushima vient de la résoudre. Qu'allons-nous faire ?

Quoi que nous décidions, rappelons-nous au moins ce que vient de dire ce diable de Japonais :

« Pour réussir, il faut trois qualités : *la clarté dans la conception d'une politique, l'esprit de suite dans l'exécution et* un emploi *judicieux du temps disponible.* »

*　*

Challamel, analysant l'état d'âme de nos grands-pères au commencement du dix-huitième siècle (état d'âme dont la pourriture gagnant peu à peu le corps de toutes les institutions de l'an-

cienne France les livra à l'état de poussière au tourbillon révolutionnaire), nous parle d'un certain M. de Posquière, « grand
maître de la boisson», seigneur du chateau de Ripaille près Vil-
leneuve-lès-Avignon, qui fit graver sur son tombeau :

> Ci-gît le seigneur de Posquière,
> Qui, philosophe à sa manière,
> Donnait à l'oubli le passé,
> Le présent à l'indifférence
> Et, pour vivre débarrassé,
> L'avenir à la Providence [1].

L'école de ce M. de Posquière n'a pas sombré avec l'ancien
régime, hélas! Elle a au contraire plutôt fait tache d'huile. De
nos jours on donne à ses disciples le nom barbare mais imagé de
« j'm'enfichistes » et le nombre en est considérable quand il n'y
a en cause que l'intérêt général du pays!

Ceux qui parmi nous seraient tentés de s'en tenir, après comme
avant Tsoushima, *à une conception de politique étrangère clairement « j'm'enfichiste »*, et de continuer pour toute préoccupation à regarder si le temps est beau en se polissant les ongles
et se frisant la moustache, feront bien d'entrer chez Pezon à
l'heure où il donne à manger à son boa. Ils y recevront une
excellente leçon de choses.

Ils verront un gentil lapin que l'on tire d'une caisse et que l'on
place près de l'énorme serpent. Insouciant de ce dangereux voi-
sinage, tout au bonheur d'être sorti de sa boîte, notre Jeannot
regarde le public avec curiosité, sautille gaiement sur son petit
derrière, se frotte le nez de ses pattes et finit même par jouer avec
celui du paresseux reptile qui, mal réveillé, déplace sa hideuse
tête pour échapper aux agaceries du naïf imprudent. Soudain
l'idylle se change en drame. Le serpent, qui a brusquement saisi
le lapin par la tête, l'engloutit lentement et progressivement, malgré ses tressautements et ses cris douloureux, que les spectateurs
voient de plus en plus limités et entendent de plus en plus sourds
à mesure que le petit corps s'engage davantage dans la gueule ba-

---

1. *Mémoires du peuple français*, t. VIII, p. 34. Cet ouvrage important (8 vol. in-8),
édité chez Hachette en 1873, a été couronné par l'Académie Française.

veuse du monstre. Enfin, les pattes de derrière elles-mêmes ayant disparu, le public angoissé se trouve débarrassé de la vue impressionnante des soubresauts d'agonie de la pauvre petite bête qu'il vient de voir étouffer et engloutir ainsi peu à peu sous ses yeux.

« J'm'enfichistes » légers, aimables et charmants, si le sort de Jeannot lapin vous tente, continuez à vous friser les moustaches en vous moquant de la façon dont a le nez fait ou porte la queue l'énorme et vilain *serpent jaune!* Mais, si vous manquez de vocation pour une fin aussi tragique, cherchons ensemble les voies et moyens de confectionner la solide matraque qui nous permettra, sinon de lui écraser tout à fait la tête, au moins de nous garer de son emprise, aussi foudroyante et mortelle que visqueuse et nauséabonde, en lui meurtrissant le nez et lui brisant les dents à la première tentative, de telle manière que, plus jamais il n'ait envie d'en risquer une seconde!

« *Lâchons l'Asie, prenons l'Afrique* », nous a-t-on dit récemment!

Si, comme le dit Kodama, la conquête de l'Indo-Chine doit lui coûter 200 millions de yen et une partie de sa flotte, il est probable que le *Genro* consentirait à nous verser la forte somme en échange de notre colonie; mais, sommes-nous devenus suffisamment pacifistes pour battre monnaie avec nos possessions au lieu de les défendre?

Aucun ministre n'oserait proposer au Parlement français un semblable marché! C'est donc à une mise en défense et non à une vente qu'il faut songer.

M. Deschanel, dans une lettre adressée à M. Rouvier, en sa qualité de président de la commission des affaires extérieures et coloniales, a proposé naguère toutes sortes de mesures à prendre en Indo-Chine pour conjurer un péril sur lequel personne n'a d'illusions; mais sur l'efficacité de toutes les mesures que nous pourrons prendre isolément ne comptons pas trop; Toulon est trop loin de Formose.

Le péril jaune menace toute l'Europe, c'est toute l'Europe qu'il faut liguer contre lui.

Dans les projets grandioses du *Genro*, nous dit en effet Kodama, « Formose doit être une sorte de pointe avancée vers le sud une manière d'épée brandie par le Japon contre *tous les peuples européens* établis dans le Midi asiatique » et, comme il l'affirme formellement dans une autre partie de son rapport, « les possessions coloniales en Asie de l'Amérique, de l'Allemagne, de la Hollande ne sont pas, après tout, *plus légitimes* que celles des Français ».

L'Amérique, avant peu, sous l'impulsion que lui donne M. Roosevelt, saura par la force de sa marine démontrer aux Nippons la *légitimité* de ses possessions asiatiques. Nous n'en voulons pour garant, avec le caractère du personnage, que cette phrase prise dans le discours prononcé à Jackson-Ville par le grand citoyen américain, lors de la dernière campagne électorale : « Au cours du siècle qui commence, le Pacifique où les États-Unis occupent déjà une position prépondérante, doit passer sous leur influence commerciale (1). »

---

1. Dans le désir de voir cesser la guerre russo-japonaise, M. Roosevelt n'a-t-il pas cependant trop facilité au Japon son œuvre de japonisation de la Chine?

Cette dépêche insérée dans *le Matin* du 31 août 1905 est de nature à le faire craindre.

Pourquoi le Japon a cédé. — Oyster-Bay, 30 août. — « On croit savoir ici que le changement subit dans l'attitude japonaise n'est pas aussi inexplicable qu'il semblerait. Le Japon aurait reçu du président une concession d'une valeur infiniment plus considérable que n'aurait pu l'être l'indemnité.

« On a, en effet, la ferme conviction ici que la concession de la voie ferrée Hankeou-Canton, dont la Chine va se rendre acquéreur pour 37 500 000 francs, sera donnée au Japon par le Gouvernement de Pékin, en reconnaissance des services que le Japon a rendus à la Chine en chassant les Russes de la Mandchourie. Or, on estime que cette concession, avec tous les droits qui s'y rattachent, peut avoir pour le Japon une importance commerciale et stratégique considérable.

« Le Japon, ayant déjà d'autres concessions et étant sur le point d'en obtenir de nouvelles, aura le contrôle de tout le système de voies ferrées de la Chine, et qui a le contrôle des voies ferrées d'un pays peut aussi en contrôler le commerce. (*New-York Sun*, transmis via P.-Q.). »

Quoi qu'il en soit, si cette faute a été commise par l'Amérique, elle n'aura pas tardé à s'en repentir. Écoutez ce télégramme donné par *la Liberté* du 11 février 1906 :

Le mouvement xénophobe en Chine. — New-York, 11 février 1906.

« En raison du développement du mouvement xénophobe en Chine, le Gouvernement américain a l'intention d'envoyer des navires de guerre croiser dans les eaux chinoises; il a demandé au comité financier du Sénat un crédit supplémentaire de 500 000 francs *pour établir des baraquements aux Philippines.* A Washington, on est persuadé que le boycottage des marchandises américaines a un caractère politique plutôt que commercial. Bon nombre de hauts fonctionnaires au ministère des Affaires étrangères, ainsi que la plupart des journaux des États-Unis commencent à exprimer hautement leur opinion, et déclarent que l'agitation chinoise *a été créée et est encouragée par le Japon.* »

L'Europe divisée va-t-elle laisser les Jaunes et les Américains se partager ses dépouilles en Asie d'abord, dans le reste du monde ensuite?

Ou bien, les nations qui la composent, se rendant compte que chacune d'elles, en dépit de l'énormité de l'effort militaire qu'elle pourra faire, sera toujours trop faible pour lutter seule contre ces deux géants, vont-elles se rapprocher, et du péril jaune et américain les États-Unis d'Europe vont-ils sortir?

Pour tous ceux qui n'appartiennent pas à la confrérie des « pêcheurs de clair de lune » dont nous a parlé Edmond Rostand, entre ces deux solutions, l'heure est venue de choisir. Et le dilemme ainsi posé, il paraît clair que tous en Europe, souverains, diplomates, commerçants, industriels, plébéiens de toutes nationalités, nous devons nous attacher à faire aboutir la deuxième solution ou nous résigner à l'irrémédiable décadence et à la ruine.

Mais, diront nombre de sceptiques : « Vous auriez tort de vous trop moquer *des pêcheurs de clair de lune,* ô vous qui nous parlez aujourd'hui d'États-Unis d'Europe! jamais l'antagonisme des puissances européennes a-t-il été plus e'aspéré qu'en ce moment?

Nous reconnaissons que le ciel politique international de l'Europe est obscurci par des nuages bien noirs. Il ne faut pas cependant que son aspect livide nous fasse perdre courage. Si à l'heure présente la foi ne transporte plus guère de montagnes, *l'intérêt,* par contre, vient à bout de besognes fort rudes!

Que tous les publicistes européens s'attachent à démontrer à chaque pays que *son intérêt* milite en faveur de *cette union libératrice* et, sans orage, tous ces nuages si inquiétants peuvent se résoudre en pluie bienfaisante, génératrice de la moisson de félicité, de prospérité et de paix intérieure que le désarmement partiel donnera à l'Europe fédérée, tout en laissant des forces invincibles au service de ses intérêts mondiaux!

Mais, pour que la fédération européenne soit durable et produise les résultats bienfaisants que nous en attendons, il ne faut pas qu'elle soit imposée par la poigne d'un empereur victorieux; l'insuccès des tentatives de domination de Napoléon, malgré tout son génie, l'a depuis longtemps démontré. Cette fédération doit être faite dans un esprit d'équilibre, de justice et d'équité parfaites, qui respecte scrupuleusement et également les susceptibilités et les intérêts de toutes les puissances signataires, sans favoriser les visées ambitieuses d'aucune d'elles. Il faut que les plénipotentiaires appelés à en discuter les bases s'inspirent uniquement des considérations élevées de l'intérêt général européen, qu'ils s'attachent à écarter tous les ferments de haine et de jalousie internationales et n'enferment aucun d'eux dans les assises du nouvel édifice sous peine d'en voir bientôt, à l'usage, le ciment craquer comme pierre gélive en décembre.

Malheureusement, les désirs ambitieux de deux puissances de l'Europe paraissent devoir rendre très difficile la création de la fédération européenne dans ces conditions indispensables à son bon fonctionnement.

L'Angleterre ne cache pas ses visées impérialistes et M. Chamberlain ne traduisait que trop bien les sentiments intimes de ses concitoyens lorsque le 11 novembre 1895, il disait :

« Je crois en notre race, la plus grande des races gouvernantes que le monde ait jamais connues, en cette roce anglo-saxonne, fière, tenace, confiante en soi, résolue, que nul climat, nul changement ne sauraient abâtardir, et qui, infailliblement, sera la force prédominante de la future histoire et de la civilisation universelle. Et je crois en l'avenir de cet empire vaste comme le monde, dont un Anglais ne saurait parler sans un frisson d'enthousiasme ! »

L'Allemagne, de son côté, appuyée sur ses soixante millions d'âmes, entend poursuivre la réalisation prochaine du rêve dont l'historien Treischke a ainsi tracé les grandes lignes :

« A qui appartiendra le sceptre de l'univers ? Qui imposera ses volontés aux autres nations, affaiblies ou en décadence ? N'est-ce pas l'Allemagne qui aura la mission d'assurer la paix du monde ? La Russie, colosse immense et en formation, aux pieds d'argile, sera absorbée par ses difficultés économiques et intérieures. L'Angleterre, plus forte en apparence qu'en réalité, verra sans doute ses colonies se détacher d'elle et s'épuisera en des luttes stériles. La France, *toute à ses discordes intestines et aux luttes des partis, s'enlisera de plus en plus dans une décadence définitive.* Pour l'italie, elle aura assez à faire si elle veut assurer un peu de pain à ses enfants. L'*avenir appartient donc à l'Allemagne*, à laquelle viendra se joindre l'Autriche, si elle tient à vivre. »

Londres et Berlin affichant de tels sentiments, comment ne pas craindre la rencontre de leurs deux impérialismes?

Il est certain que l'Allemagne et l'Angleterre ne toléreront jamais que l'*autre* ait la primauté; un conflit entre elles est donc fatal si une autre nation ne leur fait comprendre clairement qu'il serait nuisible pour chacune d'elles de troubler l'équilibre européen, tandis que toutes deux au contraire ont intérêt a unir leurs efforts contre un ennemi commun.

Quelle est la nation qui pourra jouer ce rôle?

La France seule.

La conscience de l'impossibilité dans laquelle nous nous trouvons placés par notre constitution politique de ne déclarer de nous-mêmes la guerre à personne, fait, il est vrai, aujourd'hui considérer notre diplomatie comme une quantité à peu près négligeable, mais le jour où nous parviendrons réellement à donner à nos deux voisins l'impression que nous sommes *militairement assez forts pour que ce soit folie que de nous attaquer ou d'espérer par l'intimidation nous forcer à prendre parti malgré nous pour l'un des adversaires*, il en sera tout autrement. Par le seul fait de notre présence nous rendront alors toute lutte entre eux impossible, parce que aucun n'osera attaquer l'autre lorsque tous deux sentiront que le vainqueur lui-même sortirait de la lutte trop affaibli pour pouvoir, en face de la France intacte, imposer sa prépondérance à l'Europe.

L'idée d'un conflit immédiat étant ainsi écartée par la conscience de notre puissance militaire, d'autre part les nécessités financières rendant impossibles non seulement de plus puissants armements, mais encore un maintien un peu prolongé du *statu quo* actuel (¹), fatalement, chacun se décidera à entrer franchement dans la voie des concessions mutuelles nécessaires au rapprochement définitif qui seul peut nous garantir du péril jaune.

---

1. On trouvera la démonstration de ce fait dans notre étude sur *la Question militaire* publiée en tête de ce volume (Voir p. 6 et suiv.).

Mettons-nous résolument à l'œuvre pour être à même de jouer au plus tôt ce rôle bienfaisant, une grande hâte est indispensable si nous voulons l'avoir rempli assez tôt pour sauver nos possessions indo-chinoises.

Ne nous laissons pas arrêter surtout par la crainte de sa difficulté. La conscience du *péril jaune* deviendra bientôt si angoissante pour toutes les nations de l'Europe que notre tâche s'en trouvera singulièrement facilitée.

Cette conscience, nous n'aurons pas grand effort à faire pour la donner à l'Allemagne. Si Guillaume II a l'ambition de Napoléon, il en a aussi parfois la vue perçante. Le premier, il y a dix ans déjà, il a signalé à l'Europe le danger de l'orage qui s'amoncelle en Extrême-Orient. Tous les journaux n'ont-ils pas reproduit un dessin à la plume exécuté tout entier de la main de l'empereur, où l'on voit, au haut d'un rocher dominant de vastes plaines, un jeune archange les ailes déployées et le glaive dans la main droite, montrer de la gauche étendue un petit Bouddha accroupi à l'horizon dans un sombre nuage, à un essaim de jeunes et jolies femmes casquées et armées, groupées sous une croix rayonnante, qui représentent évidemment les nations de l'Europe ? La légende suivante qui figure au-dessous de cette composition impériale : *Les nations européennes s'unissant pour la défense de leurs biens sacrés*, laisse-t-elle le moindre doute sur les préoccupations de son auteur ?

Du péril jaune, il est vrai, l'Angleterre paraît devoir prendre plus difficilement conscience puisqu'elle s'est alliée au Japon. Cette alliance toutefois ne doit pas nous faire perdre courage, car elle ne peut durer. Avant qu'il soit longtemps en effet, les intérêts des deux nations seront tout à fait opposés.

Dès le mois de janvier 1905, M. Le Mire de Vilers disait à un rédacteur de la *Liberté* au cours d'une interview : « L'on s'explique difficilement que la Grande-Bretagne, dont la politique est si prudente, si prévoyante et si habile, n'ait pas compris la faute capitale qu'elle comettait en prêtant son appui moral et financier à une nation jeune, ardente et ambitieuse. » La jutesse de cette réflexion a été depuis fort bien mise en évidence par l'auteur anonyme de l'article *Le Japon et l'Extrême-Orient*, dont nous avons déjà donné des extraits ([1]). Celui-ci nous dit en effet : « *Les Japonais prétendent aujourd'hui pousser leur influence jusqu'au golfe Persique et leur activité de propagande a été découverte aux Indes dans certains clubs.* »

Il est donc absolument certain que, bientôt, l'Angleterre elle-même s'apercevra que l'alliance japonaise, sur laquelle elle comptait pour assurer sa domination en Asie, a été contractée par les Nippons *exactement dans le même but ;* et elle ne saurait manquer de faire machine en arrière avec le cynisme qui caractérise sa politique, dès qu'elle s'apercevra que le but poursuivi, *ce n'est pas elle mais bien les Japonais qui vont l'atteindre.* Comme le dit si bien Kodama dans le fameux rapport que nous avons cité plus haut ([2]) : « l'Angleterre n'a jamais aidé personne, dans le sens désintéressé du mot. »

Si nous en croyons René Pinon, elle s'en est déjà aperçue : « Le *Times*, nous dit-il, écrivait jadis : « Le Japon combat en Asie « pour l'idéal anglo-saxon contre le despotisme militaire », et les négociants anglais applaudissaient aux premiers succès des flottes et des armées du Mikado ; leur enthousiasme est aujourd'hui moins bruyant ; ils se rendent compte que le triomphe du Japon aura fatalement pour conséquence de les évincer d'Extrême-Orient. »

Le boycottage financier auquel est venu se briser l'héroïsme japonais et dont le traité de Portsmouth a été la conséquence forcée pourrait bien en effet avoir été organisé en grande partie par le cabinet de Saint-James ! Le fait que le Mikado a renouvelé son traité d'alliance avec l'Angleterre ne suffit pas pour infirmer cette hypothèse.

« Le Japonais, nous dit René Pinon, a une aptitude instinctive à s'accommoder des circonstances et à plier ses desseins à leur mobilité », et l'alliance anglaise lui est indispensable pour pouvoir sortir de son île *jusqu'à ce qu'il ait pris pied assez solidement en Chine*, d'où la résignation momentanée du Mikado *à cette paix* et *à cette alliance* à l'abri desquelles il compte accomplir la japonisation de la Chine.

---

1. Voir p. 360.
2. Voir p. 381.

« Si la nature ne nous avait pas faits insulaires, si nous étions des continentaux, nous aurion bientôt changé la face du monde asiatique », nous a dit Kodama (¹). Jusqu'à ce que leur mainmise sur la Chine ait fait d'eux des continentaux, les membres du *Genro* caresseront l'Angleterre. Mais le peuple est moins bon diplomate et les troubles de Tokio nous ont permis d'apprécier la véritable popularité, au Japon, de ces deux événements.

En réalité, les fils du Soleil levant ne pardonneront pas plus la paix de Portsmouth aux Anglo-Saxons qu'ils n'ont pardonné aux Russes celle de Simonoseki. Entre eux désormais, malgré l'alliance, *il y a compte à faire.*

« Dans la lutte pour la vie et pour la prééminence politique, le Japonais, nous dit encore René Pinon, se montre tel qu'il est sur le champ de bataille : lorsqu'il aborde la position dont il a reçu l'ordre de s'emparer, il reste invisible, il chemine à couvert, s'abrite derrière le moindre obstacle, ploie son corps souple aux formes du terrain, creuse en quelques coups de bêche un trou où il se terre et d'où il fait le coup de feu ; mais le terrain une fois conquis lui appartient : on peut le tuer, on ne le fera pas déguerpir ; personne ne l'a vu arriver et cependant il est là, il s'établit sur la position et il y reste. »

L'Anglais n'aime pas davantage à lâcher prise, c'est pourquoi quand il faudra repousser l'assaut des Jaunes, ce qui ne saurait tarder beaucoup du train dont ils progressent, il sera le plus ardent promoteur de la fédération européenne et même, s'il le faut, de l'alliance des États-Unis d'Amérique et d'Europe (²) !

*
* *

A la possibilité de cette fédération européenne, il est nombre d'exellents exprits qui ne croient pas. Examinons un peu les causes de leurs doutes. La chose sera facile, puisque M. Brunetière, le plus qualifié d'entre eux, vient de nous les exposer avec

---

1. Voir page 382.

2. Dans son rapport (Voir p. 382), Kodama dit formellement : « Nous sommes l'Angleterre de l'Est et c'est une chose anormale en soi que deux Angleterres puissent se supporter et vivre. » Ce Japonais est décidément un homme perspicace !

sa clarté habituelle, dans un article intitulé « le Mensonge du Pasifisme » paru dans la *Revue des deux Mondes* du 15 juillet 1905. Donnons-lui la parole :

« Les lecteurs de la *Revue* connaissent assurément le sénateur baron d'Estournelles de Constant, ancien député, ministre plénipotentiaire, membre de la cour d'arbitrage de La Haye, et, d'ailleurs, le plus galants homme du monde, mais l'un des esprits les moins justes que j'aie rencontrés. A vrai dire, je ne sache guère que M. Louis Havet, de l'Académie des inscriptions, qui le soit moins encore, ou mon autre confrère, de l'Académie des sciences morales, le vénérable M. Frédéric Passy. Adjoignons-leur le professeur Charles Richet, avec l'Anglais sir Thomas Barclay, et ils formeront à eux cinq ce que nous appellerons l'état-major du pacifisme.

« Le « pacifisme », en un seul mot, ce n'est qu'un barbarisme; mais, en deux mots, c'est l'amour de la paix, ou si l'on veut, et plus franchement, c'est la peur de la guerre. Aux yeux des pacifistes, la guerre n'est qu'une forme de la barbarie, ou comme qui dirait une déplorable survivance du plus lointain passé de notre race, quelque chose d'analogue à l'anthropophagie, par exemple, et, généralement, à tout ce qui se peut concevoir de plus touareg ou de plus néo-calédonien..... Je voudrais bien savoir, non de quel droit les pacifistes professent cette opinion, puisque, sans doute, on a toujours le droit de déraisonner, mais de quel droit ils considèrent tous ceux qui ne la professent pas avec eux, comme de purs imbéciles ou de simples coquins.....

« Il ne suffit pas que la guerre s'accompagne de son cortège d'horreurs pour qu'on la condamne. Aussi longtemps qu'elle sera le suprême recours de l'indépendance ou de l'honneur national menacés, on servira mal les intérêts de son peuple et ceux de l'humanité même, en essayant de subordonner, mais surtout de ridiculiser ou de déshonorer les vertus militaires, et en dénonçant la guerre comme le fléau des fléaux..... Demandons aux pacifistes de nous donner quelque idée des moyens dont ils croient disposer pour résoudre « pacifiquement » les quatre ou cinq questions essentielles dont on pourrait dire que l'angoissante obscurité maintient l'Europe, depuis trente-cinq ans, sous le régime de la paix armée?.....

« Le fondement ou la condition du pouvoir politique de l'Angleterre, et même de son existence économique, c'est la maîtrise de la mer. Conformément à cette condition, dont aucun Anglais, pas même sir Thomas Barclay, n'a jamais méconnu la nécessité, il faut qu'en tout temps la marine de l'Angleterre soit au moins égale en puissance effective aux marines réunies des deux nations dont les marines viennent immédiatement après la sienne..... Les partisans les plus résolus du « désarmement », même proportionnel, se flattent-ils de décider un jour l'amirauté d'Angleterre à ramener la marine anglaise aux proportions de la marine française ou de la marine italienne? Et si la marine anglaise ne désarme pas la première, quelle raison aurons-nous, les Italiens et nous, de désarmer?..... Ou les Anglais désarmeront les premiers, ou aucune marine ne désarmera. Mais les Anglais peuvent ils désarmer? S'ils désarment, le baron d'Estournelles est-il homme à leur garantir qu'ils demeureront l'Angleterre? S'ils ne sont plus l'Angleterre de leur marine, M. Frédéric Passy leur proemt-il qu'ils continueront d'être l'Angleterre de leur industrie?..... Demander à l'Angleterre de renoncer au *statu quo* maritime, c'est donc lui demander de renoncer à sa raison d'être historique,

Et propter vitam vivendi perdere causas :

et c'est le lui demander au nom des principes, sans doute, et au nom de l'humanité, je le veux bien, mais, en attendant, c'est le lui demander au profit et dans l'intérêt des puissances qui grandiraient de sa diminution même.

« Seconde question : la question d'Alsace-Lorraine, ou plus généralement, la question des rapports de l'Allemagne et de la France? Nos pacifistes en auroient-ils une solution pacifique et toute prête? Qu'ils la proposent donc! et la France, assurément ne leur en sera pas moins reconnaissante que l'Allemagne, ni l'Allemagne que la France.....

« Troisième question : les « pacifistes » ont-ils quelquefois regardé du côté de Trieste ou du Trentin? et que croient-ils que des raisonnements ou des déclamations sentimentales puissent obtenir de l'Autriche ou de l'Italie à ce sujet? Ils le sauraient s'ils avaient pris la peine de lire quelques journaux italiens, à l'occasion de ce voyage de Rome qu'on avait prêté au vieil empereur d'Autriche l'intention de faire. Une grande nation de trente-deux ou trente-trois millions d'êtres humains considère qu'elle n'a point achevé de remplir son unité tant qu'un territoire, où ce sont sa langue et ses mœurs qui règnlnt, n'est pas compris dans les limites de ses frontières politiques. Le baron d'Estournelles se fait-il fort de la guérir de ce « préjugé » ?.....

« Et la question « de la succession d'Autriche » ? et la question de l'avenir de l'empire ottoman? nos pacifistes ont-ils des moyens « pacifiques » de la résoudre?..... Si jamais on pouvait espérer aboutir à ce résultat, ce ne serait qu'au prix ou par le moyen de guerres dont la férocité passerait en horreur tout ce qu'on a pu voir.... Il y a des « nœuds » qu'on ne « dénoue » point, et qui, dans l'avenir comme dans le passé, ne se trancheront qu'avec le glaive.... Quelle étrange besogne, que de faire luire, aux yeux des foules, des espérances qu'il suffit qu'on essaye de préciser pour s'apercevoir qu'elles sont irréalisables! Mais quelle inspiration plus étrange que de choisir pour s'y appliquer le moment de l'histoire où les causes de guerre menacent sur tous les points de l'horizon! Quand nous n'entendons parler autour de nous que d' « impérialisme », c'est le moment que nos pacifistes choisissent pour envelopper l'humanité tout entière dans l'infinie circonférence de leurs embrassements; et quand toutes les nationalités, inquiètes du prochain avenir, opèrent comme un mouvement de concentration sur elles-mêmes, nous, c'est le moment que nous choisissons pour nous diviser, nous répandre, si je l'ose dire, et nous disperser en effusions sentimentales. »

Cet article renferme sans contredit une très grosse par de vérité (¹) et M. Brunetière a cent fois raison de dénier aux *paci-*

---

1. M. Charles Richet, pris à partie dans cet article, a essayé d'y répondre par une lettre ouverte adressée à M. d'Estournelles de Constant, dont *le Matin* du 5 août 1905 a reproduit les principaux passages.

M. Brunetière avait cru pouvoir faire état, à l'appui de sa thèse, de considérations *fistes* la possibilité d'obtenir le désarmement par les procédés *archaïques* et puérils dont ils préconisent l'emploi. Les moutons bêlants, en effet, ne désarment pas les loups, ils les attirent et les fables de La Fontaine sont trop connues pour que MM. d'Estournelles de Constant, Frédéric Passy et consorts [1] aient la moindre chance, quelle que soit leur éloquence, de persuader à une nation quelconque de faire..... *l'agneau* en désarmant la première!

Mais, est-il impossible d'arriver à fonder les États-Unis d'Europe par des moyens opposés [2]?

émises par M. Georges Leygues au cours de la discussion du dernier budget de la guerre sur certaines conséquences économiques du désarmement. Ces considérations, qui portent sur la gêne que le désarmement occasionnerait aux fournisseurs militaires, sont plus sérieuses au point de vue *électoral* qu'au point de vue de l'intérêt général, aussi M. Richet les tourne-t-il en dérision et combat-il avec facilité et victorieusement sur ce point, l'argumentation du directeur de la *Revue des Deux Mondes*. Mais en dehors de ce point faible, sa réponse ne paraît pas de nature à l'ébranler.

1. Henri Maret, dans un article « Tityre et Mélibée » paru dans *le Rappel* du 10 août 1905, se moque ainsi de ces naïfs : « L'Europe ne paraît nullement engagée dans la voie de la fraternité des peuples. Bien au contraire.

« Tandis que la Russie s'épuise à lutter contre l'Extrême-Orient, qui se lève, l'empereur germain, moins fou qu'on ne le pense, et qui sait très bien ce qu'il veut, prépare pour son pays ce qu'avait voulu Napoléon pour le nôtre : la résurrection du grand empire de Rome, et la domination universelle.

« Voilà ce que nous voyons, voilà ce qui est clair, voilà ce que personne ne peut nier, et, lorsque les haines et les jalousies grandissent, lorsque des cris belliqueux se font entendre de toutes parts, lorsqu'on prêtant bien l'oreille on saisit déjà quelqu'un de ces sourds grondements qui précèdent les tremblements de terre, voici le moment que choisissent Tityre-Jaurès et Mélibée-Buisson pour venir à nous, couverts d'une peau de brebis, jouant du pipeau champêtre, chantant la belle Amaryllis, et nous disant : « Que ne nous reposons-nous à l'ombre de ce hêtre ! Que ne paissons-nous nos blancs moutons ! Maudite soit la lance et gloire à la houlette ! »

2. L'auteur anonyme de l'article « En sous-marin », publié dans la *Revue de Paris* du 1er août 1905, nous donne la note juste sur la façon dont doit être entendu le pacifisme pratique. « Appliquons toute notre intelligence à perfectionner les sous-marins, *car cette arme destructive par excellence* est, en raison même de ses dangers, *une arme de paix* que nous forgeons pour l'avenir. Actuellement imparfait, ce navire ne peut réaliser une fructueuse offensive, faute de vitesse suffisante à l'état d'immersion. Mais patience, le temps viendra où nous aurons résolu la formule du problème qui consiste à emmagasiner sous un petit volume et sous un faible poids une source électrique considérable, qui rendra l'allure des sous-marins égale à celle des croiseurs. *Alors il ne saura plus être question de guerre maritime*. L'État le plus pauvre pourra, grâce à un budget modique, construire une flottille de sous-marins assez redoutable pour éloigner à tout jamais de ses côtes les plus lourds mastodontes hérissés d'artillerie et cuirassés à grands frais. Devant la torpille perfide qui sans prévenir menace de couler d'un seul coup trente-cinq millions et un millier d'hommes, les pensées belliqueuses céderont; un temps viendra où on ne connaîtra plus la mise en chantier des cuirassés de 16 000 tonnes. Il ne restera aux amateurs de guerre maritime d'autre ressource

L'Aquitaine, le Languedoc, la Provence, la Bourgogne, etc., n'ont-ils pas été obligés de renoncer, comme dit M. Brunetière, « à leur raison d'être historique », et leurs habitants n'ont-ils pas fini par accepter, comme un devoir patriotique, le ralliement et l'obéissance aux lois de l'État vainquer qui avait su leur imposer ce renoncement ?

Qu'est-ce qui empêche dès lors de concevoir une France, une Angleterre, une Allemagne, se soumettant pour le règlement des questions internationales aux décisions d'un parlement européen ?

Un examen des plus sommaires suffit pour comprendre la puérilité ridicule des moyens d'action prônés par les pacifistes pour résoudre les questions internationales; c'est entendu. Mais le fond de leurs idées mérite de retenir plus longtemps l'attention !

La sociologie de Tarde, dont nous avons déjà parlé plus haut (voir page 355), est, bien certainement, la théorie sociale la moins utopique qui soit au monde, puisque son auteur a rédigé les *Lois de l'Imitation* qui en forment la base, en photographiant, pour ainsi dire, rigoureusement ce qui se passait sous ses yeux. Or, cette théorie montre à l'évidence que rien n'est plus logique que la conception des États-Unis d'Europe à la réalisation de laquelle travaillent si mal nos pacifistes, mais qui n'en est pas moins cependant la première partie de leur programme.

Tarde nous enseigne en effet que la *logique sociale* veut, qu'en fait, des individus de plus en plus nombreux s'assemblent, se ressemblent, s'unifient; que les murailles des *premiers enclos de paix* tombent pour ne se relever que *plus loin*. Le passage de l'État international actuel aux États-Unis d'Europe est donc un

---

que de faire combattre leurs sous-marins, ce qui est irréalisable : *le sous-marin apporte dans sa coque le rameau d'olivier*. Peut-être est-ce à lui que notre siècle naissant devra le *désarmement naval*... Mais nous n'en sommes point encore là.

« Quant à moi, je suis convaincu de la mission sociale que je remplis en étudiant les moyens de perfectionner l'outil plein de surprises qu'on m'a fait l'honneur de me confier. Je travaille avec la conscience d'agir moins en soldat recherchant le procédé le plus sûr et le plus pratique pour détruire ses semblables *qu'en philosophe désireux d'assurer à l'humanité quelques chances de paix.* »

Si vis pacem, para bellum! Améliorer jusqu'à la perfection nos outils de guerre est en effet l'unique moyen pratique de travailler utilement pour la paix!

progrès aussi normal et logique que le fut le passage de la féodalité à nos unités nationales.

Tant que les sociologues ont pris pour guide l'idée de race, cette idée les a conduits « à se représenter le terme du progrès social comme un morcellement de peuples murés, embastionnés, clos les uns aux autres et en guerre les uns avec les autres éternellement ». A la lueur de la théorie de l'imitation nous voyons fort clairement que ce n'est plus l'idée *de race* (¹) mais l'idée de *communauté de relations*, de mutuelle *imitation*, de communs besoins, l'intérêt matériel en un mot qui doit faire le sgroupements humains de l'avenir, l'unité américaine en est un vivant exemple; et que des masses d'hommes de plus en plus nombreuses se concentreront sous un même bouclier afin qu'un même arbre de justice les couvre de son ombre.

---

1. Voici un amusant article sur la *Théorie des races* publié au mois d'août 1905 dans le journal *Le Matin :*

« On a inventé dernièrement un nouveau rasoir, dit rasoir Gobineau. Cette découverte méritait d'être signalée. Elle est l'œuvre d'un jeune homme fort intelligent, très malin, aimable, lettré, M. Robert Dreyfus, qui a obéi à la nécessité de nous révéler un grand homme inconnu. Les grands hommes deviennent bien encombrants !

« Celui-ci fut un diplomate français, spirituel, original, avec des idées qui n'étaient pas celles de tout le monde. Il ne faudrait pas croire pour cela qu'elles fussent plus récréatives.

« Le comte de Gobineau a été découvert en Allemagne, avant de l'être en France. Sa principale manie consistait à croire à l'existence de races humaines et à l'aristocratie de certaines races.

« *Or, la théorie des races, généralement admise, est très discutable. Il pourrait bien n'y avoir pas de races, mais des agglomérations humaines subissant les influences du climat, de la latitude, de l'alimentation. Ces influences disparaissant, par suite d'émigration notamment, les aptitudes de l'agglomération disparaissent également ou se modifient. Le phénomène est constaté pour les animaux et les végétaux.*

« En ce qui concerne l'être humain, on doit faire observer qu'un homme vivant à notre époque représente le sang mêlé de 137 millions 438 milliards d'ascendants. Cela en remontant à l'an mil seulement ! Vous voyez quelle salade, et comme la théorie de subsistance d'une race est fragile, étant donnés les échanges qui ont dû se produire de race à race, si tant est qu'on admet la préexistence de races distinctes.

« Le comte de Gobineau, féru de son idée, prétendait descendre d'Ottar Jarl, pirate norvégien, ce qui flattait son amour-propre. Le pôle Nord était, en effet, considéré par lui comme la pépinière du genre humain, le pays des mâles, des forts et des illustres.

« Aucune preuve de cette ascendance. Il se bornait à affirmer avec force que « c'est « de là qu'il sortait. » Je le sens, disait-il avec autorité. Assertion insuffisante.

« Aussi, Gobineau apparaît-il comme un peu fumiste transcendant, quoique convaincu.

« Mais la conviction dont il a fait preuve dans l'exposé de ses théories ne constitue pas une raison déterminante pour nous embarquer à sa suite, et considérer comme très dignes d'attention les imaginations de son esprit bizarre. » (H. HARDUIN.)

La faillite de l'*idée de race* nous a du reste été merveilleusement prouvé en pratique par l'effroyable échec de la politique étrangère de Napoléon III que cette idée a constamment dirigée. Napoléon en effet, après avoir généreusement sacrifié tant d'or et de sang français dans le but chimérique de relever et d'unir la *race latine*, a vu les nations par lui créées, subordonner à la première tentation reconnaissance à leurs intérêts, et, loin de rien faire pour lui venir en aide, apporter sans vergogne à ses ennemis le secours de leurs forces.

Tous ceux qui seraient disposés à se laisser séduire par les idées du *pangermanisme*, du *panslavisme* ou d'une *fédération exclusivement anglo-saxonne*, avant de se laisser aller à gorger leur chimère de torrents de sang, feront bien, après avoir étudié la théorie de l'imitation de Tarde, de relire attentivement l'histoire des deux Napoléons.

Mais ce ne sont pas seulement les *théories internationales* de nos pacifistes qui méritent de retenir notre attention, ce sont aussi leurs *théories sociales* qu'il convient de ne pas rejeter en bloc avant de les avoir examinées à fond !

Comme nous le fait remarquer M. Bouglé dans son étude sur les idées de Tarde que nous avons déjà feuilletée ensemble, « en même temps que les groupements s'élargissent, leur structure interne se modifie; l'esprit social gagne dans le sens de la profondeur aussi bien que dans celui de la largeur. De plus en plus, à l'intérieur d'un même groupe, les distances diminuent. Les plèbes forcent les portes des cités. L'imitation, qui descend *des supérieurs aux inférieurs*, rend les uns et les autres de plus en plus semblables. Finalement elle devient réciproque, il n'est plus d'imitateur qui ne puisse devenir modèle. De plus en plus le prestige est ébranlé des gens que l'on jugeait universellement supérieurs et que l'on copiait en tous points. De plus en plus, on laisse venir à soi d'où qu'elles partent les innovations heureuses. Toutes ces transformations de près ou de loin travaillent pour l'égalité. Ainsi la philosophie de l'*imitation* éclaire cette irrésistible marche vers *la démocratie* que Tocqueville, sans en avoir découvert les causes profondes, admirait avec une terreur religieuse ».

Nous voyons que les conceptions sociales de nos pacifistes socialistes sont, à l'analyse, aussi logiques que le sont leurs idées sur nos rapports internationaux futurs. Les unes et les autres ne paraissent absurdes qu'en raison de la façon dont ils prétendent les réaliser

Si donc, les détestables et utopiques moyens dans lesquels ils s'empêtrent dès qu'ils veulent mettre leurs idées en pratique, sont mortels pour la cause juste qu'ils croient défendre et doivent être, en vue de son triomphe même, combattus à outrance, ce serait d'autre part une lourde faute que de ne pas chercher à réaliser la partie raisonnable de leur programme par des moyens tout différents de ceux qu'ils préconisent.

C'est en prêchant la veulerie qu'ils prétendent assurer la paix extérieure; en organisant la lutte des classes qu'ils veulent réaliser le progrès social; dans les deux cas leur illusion est complète. Mais le but vers lequel sont censés tendre leurs efforts est réel, est beau; marchons donc résolument vers lui non par la voie qu'ils indiquent, mais par la voie qui y mène. Tâchons de sauvegarder la première en donnant aux nations voisines conscience de la réalité de notre force militaire. Efforçons-nous d'assurer le second par les concessions réciproques qui seules peuvent amener l'entente des classes dans l'intérêt commun.

Sous prétexte d'améliorer le sort de l'humanité ils veulent *imposer l'égalité en contraignant chacun à ne pas s'élever au-dessus du voisin.* Utopie!

Mais leur idée qu'il faut travailler sans cesse à l'amélioration du sort du plus grand nombre est à retenir avec soin.

Ce qu'il faut, c'est bien comprendre que l'égalité imposée par des moyens brutaux n'est que le *déguisement de la pire des tyrannies,* et qu'on travaille utilement à la réalisation du bonheur de la foule en facilitant de plus en plus les *voies d'accès vers les couches supérieures* et non en *attentant à la liberté de l'individu et en comprimant son essor.*

De ce que la sociologie basée sur l'imitation, enseignée par Tarde, conduise à une sorte d'égalité par la diffusion des mêmes gestes, il faut se garder de conclure en effet que l'*universelle uniformité sociale imposée,* rêve de nos socialistes, doive être à ses yeux le terme dernier de l'histoire. Aucune sociologie ne se montre au contraire, en dernière analyse, plus individualiste que la sienne.

« Soit qu'il recherche la cause première, soit qu'il fixe la fin dernière de l'évolution des sociétés, nous dit M. C. Bouglé, c'est toujours devant l'originalité personnelle qu'il s'incline. A ses yeux, tout part de l'individuel, et tout y retourne; l'*individu* est la première et la dernière pierre de l'édifice. C'est l'alpha et l'oméga du système..... Codes et grammaires, sciences et religions, organisations individuelles ou politiques ne sont que des instruments destinés à aider finalement les personnalités à donner chacune leur mesure et à se déployer dans la paix. La vraie beauté de la civilisation c'est qu'elle « fait éclore partout, non plus les « couleurs d'âmes voyantes et brutales d'autrefois, les individua- « lités sauvages, mais des nuances d'âmes profondes et fondues, « aussi caractérisées que civilisées, floraison à la fois de l'indivi- « dualisme le plus pur, le plus puissant, et de la sociabilité con- « sommée. »

On ne peut rien comprendre à l'évolution de l'univers si l'on ne pose à l'origine une multiplicité de tendances variées qui combinent peu à peu leurs efforts, si l'on n'imagine un fourmillement initial de projets, de désirs, de volontés plus ou moins conscientes..... Chaque individualité essaye de convertir toutes les autres à ses inventions. S'il s'institue de la régularité, si le pêlemêle s'organise, c'est qu'il y a de ces propagandes qui réussissent..... En réalité, chaque être, chaque diversité veut se mettre en valeur. C'est cette floraison esthétique qui est la vraie raison d'être du mouvement général. Et toute l'architecture des choses n'est combinée que pour permettre à l'universelle variation « d'éclater *en haut* ». C'est ce que Tarde résume en disant que l'univers met sa raison au service de son imagination.

« C'est peu de chose, c'est chose bien passagère, une physionomie d'homme ou de femme affinée par la vie sociale, par la vie d'imitation intense compliquée et continue. Mais rien n'est plus important que cette nuance fugitive. Et le peintre n'a pas perdu son temps qui est parvenu à la fixer, ni le poète ou le romancier qui l'a fait revivre..... »

En fixant ainsi ces traits compliqués élégants et charmants, non seulement ils produisent de la beauté, mais ils font œuvre de haute utilité sociale, car ils permettent à la foule de copier *un bon modèle. L'imitation en effet ne saurait conduire au progrès que si elle s'exerce de bas en haut ; quand elle s'exerce de haut en bas elle ramène à la barbarie.*

Toujours il y aura inégalité des esprits, mais cette inégalité doit diminuer cependant constamment avec la facilité d'imitation *si elle s'exerce dans le bon sens.* Jadis les esprits des privilégiés seuls recevaient la culture nécessaire et vivaient dans des conditions leur permettant de donner toute leur mesure, de produire tous leurs fruits. De jour en jour le nombre de ces privilégiés augmente ; de jour en jour plus nombreux sont les esprits en bonne terre et la récolte est plus belle, les étincelles jaillissent plus nombreuses des cerveaux des inventeurs, les découvertes se multiplient accroissant dans des proportions inouïes le nombre des « variations accidentelles » qui font faire au progrès des pas de géant. Telle est la marche *normale* du progrès social tel que nous le voyons à travers les lois de l'imitation et de l'adaptation que les études de Tarde ont mises en lumière.

Quoi qu'en puisse penser M. Brunetière, il nous paraît indéniable que l'idéal de paix et de progrès que prétendent viser nos socialistes pacifistes est tout à fait conforme aux tendances les plus élevées de l'inébranlable théorie de Tarde. C'est pourquoi, loin de le rejeter dédaigneusement comme irréalisable, nous croyons que, sans être fatalement un pécheur de clair de lune, on peut travailler de toutes ses forces à sa réalisation future ; seulement *il y a la manière* !

Nous croyons aussi fermement (et en cela, il nous semble, nous nous rapprochons beaucoup de l'état d'âme du directeur de la *Revue des Deux-Mondes*), que la sociologie optimiste de Tarde ne doit pas nous faire espérer la fin prochaine des luttes sociales et internationales, et surtout nous la *faire attendre les bras croisés.* Le processus régulier, de cette marche en avant si féconde, que nous venons d'esquisser, longtemps encore probablement, aura besoin d'être énergiquement défendu, car il peut être arrêté accidentellement pendant une durée indéfinie en vertu de la *loi d'opposition* que ce sociologue nous montre comme une sorte de réaction contre la loi d'*imitation*.

Ne saurait-on en effet concevoir que certains esprits faux, par esprit d'opposition, ou de bas intrigants, dans un but d'exploitation des mauvais sentiments du peuple, se mettent à imiter *en bas* au lieu d'imiter *en haut*, et, arrivés au pouvoir grâce à leur méprisable courtisanerie de cet étrange souverain inconscient, aveugle et crédule, créent, par genre ou dans le but de se maintenir dans les places conquises, un *contre-courant qui ramène leur pays vers la barbarie?*

Et même, cet état d'âme absurde ou criminel n'est-il pas justement un peu celui de nombre de nos pacifico-socialistes? Beaucoup d'entre eux en effet, au lieu de nous laisser tendre lentement à l'égalité par en haut, ne prétendent-ils pas l'imposer vers le bas, sans voir qu'*en arrêtant ainsi le mouvement ascensionnel que produirait naturellement le libre essor de l'intérêt personnel, ils cassent le grand ressort du travail* et que le fonctionnarisme universel, qu'il prétendent en dernière analyse nous imposer, ne peut engendrer que la *paresse et partant la pauvreté générale et conduire ainsi infailliblement le pays à un effondrement définitif* (²) ?

Le péril jaune vient à point pour nous rappeler qu'à *l'heure présente la rénovation de la France est indispensable au maintien de la paix du monde et à la stable et solide organisation* de la fédération européenne. Organisation qui, quoi qu'en pense M. Brunetière, non seulement n'est pas une utopie, mais encore ne peut manquer de se réaliser sous la pression des événements à défaut de celle des idées, dans un avenir plus ou moins prochain. Qu'elle soit obtenue, comme il nous le dit si bien, « au prix ou par le

---

1. Un chef arabe nous dit un jour : « Toi, le Français, tu travailles comme si tu ne devais jamais mourir. Moi, l'Arabe, au contraire, je vis comme si je devais mourir demain. » Je fus profondément saisi par cette réflexion faite d'un ton souriant et tranquille, avec cet air à la fois affable et goguenard qui est le propre des Arabes de grande tente et leur donne si grand air. Et je regardai dans les yeux ce philosophe, si profond sans le savoir, me demandant s'il voulait seulement critiquer notre agitation ou bien s'il se doutait qu'il venait d'indiquer là, par cette phrase lapidaire, la raison suffisante et nécessaire de l'état de servitude dans lequel sont tombés tous les zélateurs de l'Islam, malgré leurs qualités militaires de premier ordre !

moyen de guerres dont la férocité passera en horreurs tout ce qu'on a pu voir », ou sans conflit sanglant, par la simple entremise de nos pacifistes dont on se moque aujourd'hui, mais qu'on écouterait demain s'ils avaient derrière eux la nation unie s'appuyant sur une armée si forte qu'on désespère de la vaincre.

« Et la question des rapports de l'Allemagne et de la France » ? nous dit-on « nos pacifistes auraient-ils pour la résoudre une solution pacifique et toute prête? Qu'il la proposent donc! et la France, assurément, ne leur en sera pas moins reconnaissante que l'Allemagne, ni l'Allemagne que la France. »

Comme M. Brunetière, nous reconnaissons la difficulté de régler ces rapports sans faire appel aux armes. Nous ne croyons pas toutefois que cette difficulté *soit insoluble;* nous sommes mêmes convaincu que l'empereur Guillaume viendra au-devant des pourparlers, le jour où *il ne doutera point de la supériorité de notre armée sur l'armée allemande;* le malheur est que, cette conviction, nous faisons tout pour *ne pas* la lui donner!

Il est visible, en effet, que le kaiser est convaincu de la nécessité absolue, sinon de la fédération, du moins de l'alliance des États du centre de l'Europe; quand il jugera qu'il *lui est impossible de l'imposer par la force,* il cherchera résolument à l'obtenir par un arrangement, et celui qui, *tout jeune,* a congédié Bismarck comme on donne ses huit jours à un serviteur qui a cessé de plaire, a certainement assez d'estomac pour imposer ses volontés aux haines de son entourage, et assez d'intelligence non seulement pour consentir, mais encore pour proposer toutes *les concessions nécessaires à une solide* amitié entre nos deux pays.

Écoutez ce que pense et de l'homme et de ses tendances le marquis de Noailles, notre ancien ambassadeur à Berlin. Voici, telle que nous la rapporte *la Libre Parole* du 4 juillet 1905, une conversation de ce dernier avec M. de Roville :

« — Parlez-moi, Monsieur l'ambassadeur, de Guillaume II. Quelle impression vous a-t-il laissée? Est-ce le brouillon que l'on nous représente souvent en France?

« — Détrompez-vous. Guillaume II est un homme de haute valeur qui sait ce qu'il veut et qui le veut bien.

« Je ne vous parle pas de la courtoisie qu'il témoigne aux représentants des puissances étrangères, même dans les moments les plus difficiles; ceci est une affaire d'éducation et de jugement. Pour ma part, je n'ai jamais eu qu'à me louer de ses rapports avec moi.

« Mais ce que l'on sait moins, c'est qu'il mène personnellement les affaires de sa chancellerie.

« Chaque matin, vers les 10 heures, Guillaume sort à pied de son palais et va à la Wilhelmstrasse. Son chancelier l'attend et tous deux se promènent pendant une heure dans les jardins du Palais.

« Là, tandis que l'empereur cueille une fleur, redresse une tige, jette des boulettes aux oiseaux, la conversation s'engage et dans une sorte de causerie sans apprêts, au moins en apparence, se décident souvent de graves affaires de l'État, de celle qui ont parfois des répercussions jusque dans les États voisins ou éloignés.

« Quand il s'agit de questions importantes, il les traite directement avec l'ambassadeur de la puissance en cause. Son chancelier alors n'est que le témoin de la discussion et l'exécuteur des décisions prises.

« L'activité de Guillaume II est étonnante. Si les affaires étrangères occupent le premier rang dans ses préoccupations, il ne se désintéresse de rien de ce qui touche à l'empire. Son cabinet est le bureau de centralisation où tout vient aboutir, il voit tout, examine tout, contrôle tout. Jamais il ne signe un document sans l'avoir lu avec attention, corrigé et rectifié au besoin. C'est un souverain qui prend au sérieux sa mission.

« — Vous pensez donc, alors, Monsieur l'ambassadeur, que le conflit actuel n'est pas le résultat d'un coup de tête, mais bien d'un acte réfléchi?

« — Sans aucun doute. Même dans ses accès de mauvaise humeur, Guillaume II ne perd jamais de vue le côté pratique des choses, et sa nervosité ne lui fera jamais commettre d'inconséquence grave.....

« Mais au fond, le plus grand désir de Guillaume II est d'avoir de bons rapports avec nous. Et si M. Rouvier sait s'y prendre, cet

incident peut se terminer par un rapprochement sérieux avec
l'Allemagne et sur les bases les plus acceptables.

« C'est là une idée fixe de l'empereur depuis bien longtemps.
Ainsi, je puis vous dire que, peu de temps avant la mort de
M. Félix Faure, une entrevue devait avoir lieu entre les deux
chefs d'État, à un endroit que je n'ai pas le droit de vous révéler.
Le sujet de l'entretien était arrêté, toutes les causes de conflit
— *y compris la plus grave* — entre la France et l'Allemagne
devaient y être examinées et y auraient été résolues peut-être,
notre dignité étant pleinement sauvegardée. Malheureusement
Félix Faure mourait peu après, et M. Loubet arrivait au pouvoir
traînant à sa remorque Delcassé. Le projet d'entente fut abandonné malheureusement.

« — Savez-vous, Monsieur l'ambassadeur, quelles étaient les
grandes lignes de ce projet?

« — Je le sais, mais je ne puis les révéler pour des motifs que
vous devinez sans peine. Mais, M. Rouvier doit les connaître
aussi, et s'il est un patriote, il les reprendra; *le moment est pro-
pice.*

« Il a intérêt à jouer cartes sur table — et de ses négociations
acruelles peuvent sortir la fin du cauchemar qui nous étreint
depuis trente-cinq ans, la paix définitivement assurée et le retour
de la France, dans le concert des grandes nations, à la place
qu'elle occupait autrefois et qu'elle n'aurait jamais dû perdre. »

Imitant la discrétion de M. de Noailles, l'auteur de ces études ne
révélera rien *des grandes lignes du projet d'entente* dont il est ici
question *pour des motifs que vous devinez sans peine,* comme dit
le vieux marquis, parce qu'il ne les connaît pas.

Mais s'il ignore la teneur de ce projet, il lui paraît difficile de
mettre en doute la réalité de son existence, notre ancien ambassadeur n'ayant jamais protesté contre l'exactitude de l'article
que l'on vient de lire. Il déclare en outre très franchement que,
malgré le scepticisme de M. Brunetière en la matière, il ne voit
aucune impossibilité à ce que les pronostics optimistes du marquis de Noailles se réalisent un jour et que « de *simples négocia-
siitions puissent suffire pour mettre fin au cauchemar qui nous*

étreint depuis trente-cinq ans, et assurer définitivement la paix, et le retour de la France, dans le concert des grandes nations, à la place qu'elle occupait autrefois et qu'elle n'aurait jamais dû perdre ».

La neutralisation de l'Alsace-Lorraine formant entre le Rhin et les Vosges un État tampon, souverain maître de ses destinées, ne pourrait-elle pas, par exemple, liquider sans une goutte de sang notre vieille querelle?

La reconnaissance de la liberté d'action de l'Allemagne en Asie-Mineure ne pourrait-elle pas aplanir bien des difficultés du côté du Maroc (1)?

Quoi qu'il en soit, rappelons-nous que la première des conditions nécessaires pour que le kaiser s'engage résolument dans la bonne voie, c'est que nous cessions de nous laisser absorber par « nos discordes intestines et nos luttes de parti » qui désarment si lamentablement notre diplomatie en donnant à nos voisins, comme nous l'a dit plus haut Treischke, l'historien teuton, « *l'impression que nous nous enlisons de plus en plus dans une décadence définitive* ».

Cette impression doit être bien forte, car jamais les étrangers n'avaient osé traiter la France avec autant de désinvolture que l'Allemagne vient de le faire.

---

1. Au lendemain de l'accord d'Algésiras, les *Hamburger Nachrichten* publiaient un article dont le passage suivant donne des indications suggestives sur ce que pourront être les rapports futurs entre l'Allemagne et la France :

« Nous ne méconnaissons pas le danger qu'il y a pour nos intérêts économiques à ce que la France s'assure une influence particulièrement forte au Maroc, mais, d'autre part, nous nous demandons si l'Allemagne a un intérêt suffisant à empêcher la France de réaliser ses plans marocains, *si la France consent à s'entendre avec l'Allemagne d'une façon raisonnable.*

« Nous ne pouvons pas réaliser au Maroc des intentions colonisatrices; nous ne pouvons pas y faire non plus des acquisitions territoriales. L'accroissement de la population allemande transforme, il est vrai, pour nous en nécessité la politique coloniale; mais l'Afrique du Nord ne nous offre pas l'occasion de la pratiquer. La France, l'Espagne, l'Italie, y sont les principales intéressées, et nous ne pouvons songer à nous introduire dans un domaine qui leur revient.

« La solution, à notre avis, doit être donnée, comme au temps de Bismarck, par ces mots : « Ne nous attaquer aux droits de personne et prendre seulement ce qui est encore libre et qui peut nous convenir. » *Si l'Allemagne veut inspirer sa politique de ces excellents principes, pourquoi la France, de son côté, n'offrirait-elle pas son action dans les limites où son alliance et ses amitiés le lui permettent ?* »

Toujours jusqu'à présent, même aux époques les plus critiques de notre histoire, ils avaient su voir avec assez de clarté les causes de nos faiblesses momentanées pour que celles-ci ne leur fissent pas perdre la notion de la force réelle et de la vitalité de notre pays.

Le grand Frédéric, qui nous infligea les honteuses défaites de la guerre de Sept ans, disait cependant au général de Montazet qui rapporte le propos dans ses mémoires : « Si je commandais à des Français, j'en ferais *les meilleures troupes des quatre parties du monde*. Leur passer quelques légères étourderies, ne jamais les tracasser mal à propos, nourrir la gaieté naturelle de leur esprit, être juste envers eux jusqu'au scrupule, ne les affliger d'aucune minutie, tel serait mon secret pour *les rendre invincibles*. »

Le grand maître de l'opinion publique anglaise à l'époque la plus troublée de notre évolution nationale, Edmond Burke, qui ne saurait être suspect de bienveillance à notre égard puisque ce sont ses exhortations enflammées qui lancèrent l'Angleterre dans une politique de guerre à outrance contre la Révolution française, émettait à son tour sur notre compte cet aphorisme : « *On ne peut venir à bout de la France qu'avec l'aide de la France elle-même*. »

Le jugement porté sur nous par ces deux illustres adversaires est toujours juste. — Le général qui saura prendre nos soldats comme l'a indiqué le grand Frédéric, les mènera encore où il voudra. Contre la France unie personne ne pourrait rien.

Tout cela, nos ennemis du jour le savent fort bien, et s'ils se permettent d'agir envers nous ainsi qu'ils le font, c'est uniquement parce qu'ils escomptent nos querelles intestines. Les termes mêmes dont se sert l'historien allemand que nous avons cité plus haut ne laissent à cet égard subsister aucun doute !

Au nombre des *alliés inconscients qu'ils possèdent chez nous*, ils mettent, soyez-en sûrs, en bonne place, les agents de dissolution sociale qui, en haut, étalent avec un ridicule snobisme qu'ils croient élégant, la mentalité meurtrière des Posquière du dix-huitième siècle, et ceux qui, en bas, sapent avec acharnement les sentiments ataviques d'enthousiasme, de générosité, de franchise de notre peuple et désagrègent ses énergies, en versant à pleins bords dans le cœur des humbles la jalousie et l'envie.

Ils assignent certainement un rang encore meilleur aux inventeurs récents de ces blocs politiques qui, sous couleur de raison d'État, pour mieux défendre ou attaquer les gens au pouvoir, s'efforcent d'apprendre à une moitié de la France à haïr et à boycotter l'autre; ils voient, avec une joie intense, ceux que nos leaders des partis extrêmes appellent si dédaigneusement « les grenouilles du marais du centre », après avoir longtemps jeté des regards indécis alternativement vers le bloc de droite et le bloc de gauche, finir, malgré les aspirations libérales qu'ils ont au fond du cœur, par aller se ranger, tous les jours en plus grand nombre, sous l'une ou l'autre des bannières portées par les énergumènes.

En arriveront-ils à prendre confiance dans la supériorité que tous ces alliés inconscients promettent à leurs armes, au point de se décider à nous envahir?

Ce geste, en nous mettant tous d'accord comme nous l'avons vu plus haut (¹), pouvant avoir pour résultat immédiat de les priver brusquement de ces alliés, ils ne l'oseront peut-être pas. Mais le brutal veto que l'Allemagne n'a pas hésité à opposer à l'exécution des clauses favorables à la France dans la récente convention franco-anglaise, veto que, en grande partie du moins, quoi qu'on en dise, nous avons été impuissants à faire lever à Algésiras, malgré l'habileté de nos représentants et la bonne volonté évidente de presque toutes les puissances de l'Europe, nous prouve quel parti, sans quitter le terrain diplomatique, nos ennemis pourront tirer de notre manque d'union tant qu'ils sentiront qu'il nous met, sinon hors d'état de nous défendre, du moins dans l'impossibilité de recourir de nous-même aux armes pour imposer le respect de nos droits.

« Grenouilles du marais du centre », mes amies, vous pouvez tirer votre pays de cette situation humiliée, instantanément si vous le voulez. Il suffit pour cela que vous refusiez désormais au concert des sectaires de tous bords l'appoint de vos coassements,

---

1. Voir pages 103 et suivantes.

ce qui réduira à un murmure à peine saisissable leurs clameurs si assourdissantes aujourd'hui.

Lorsque, prenant enfin conscience de la personnalité et de la force de votre parti, vous consentirez à vous grouper, à doter le pays (puisque le mot bloc est à l'ordre du jour) d'un bloc central raisonnable et bien d'aplomb, *l'unité du pays sera faite.* Vous seuls, en effet, comme l'a si lumineusement démontré M. V. Giraud (1), êtes la vraie France, la France qui travaille, économise, mais qui, hélas! généralement *ne vote pas* (2).

Il vous suffirait de faire preuve de quelque résolution pour voir bientôt votre nouveau groupe, enlevant à ses rivaux réduits à l'état squelettique presque tous leurs éléments, s'augmenter au point de devenir à lui seul la France tout entière, France enfin raisonnable et unie contre laquelle l'ennemi, sachant qu'il ne peut rien, n'oserait plus rien entreprendre!

Nous cesserions alors de donner au monde le spectacle lamentable d'une grande nation qui, pour arriver à se faire respecter, s'en va, mendiant un appui, d'un peuple à un autre; donnant hier à sa mendicité politique la forme d'acclamations frénétiques prodiguées à Nicolas II ou même aux marins russes, invoquant aujourd'hui l'amitié de l'Angleterre, cherchant demain peut-être celle du kaiser elle-même.

Abandonnant sans retour cette attitude de chien battu qui était à peine pardonnable au lendemain de nos défaites de 1870, notre chevaleresque patrie pourrait relever le front et reprendre bientôt la première place en Europe qui si longtemps a été la sienne; place que personne n'oserait plus lui disputer, désespérant de trouver désormais dans son sein l'allié *nécessaire dont parle Burke.*

Ce retour de notre pays au premier rang rétablirait, au lieu et place de la politique du poing tendu que les Allemands ont mise à la mode, la politique chevaleresque qui si longtemps a été la nôtre et à laquelle le monde moderne doit les meilleures de ses conquêtes sociales (3), apportant ainsi dans les relations mondiales la plus heureuse et la plus fructueuse détente.

------

1. Voir pages 245 et suivantes.
2. Voir page 242.
3. Voir page 14.

« Eh quoi! » vont dire nombre de Homais, « vous osez nous préconiser le retour à notre ancienne mentalité de jobards qui, pendant plusieurs siècles, nous a fait au profit des autres tirer tant de marrons du feu! — Nous avons eu trop de peine à nous en défaire pour la reprendre et nous ne voulons plus redevenir les ridicules dom Quichottes que nous avons été trop longtemps. »

Le chevalier à la triste figure ridicule! — Quel blasphème! — Mais il est sublime au contraire! — Sur le point de rendre le dernier soupir, écoutez-le exhaler ce chant d'allégresse à la pensée qu'il a enfin réussi à débarrasser Sancho d'une partie de son grossier et opportuniste bon sens!

> . . . . .Ainsi,
> Jusque dans ce cerveau de bon sens endurci,
> A travers l'épaisseur d'un pareil roc lui-même,
> Quelques-uns ont germé des bons grains que je sème!
> Ce n'est donc pas en vain qu'ici-bas j'ai passé.
> Les rêves dont je meurs, des fleurs en ont poussé.
> O pauvres hommes, dans votre val de misères,
> Ces irréelles fleurs d'en haut sont nécessaires,
> Autant, et plus encor, certes, à votre bien,
> Que la réalité du pain quotidien.
> Et vous la méprisez pourtant cette ambroisie :
> Beau, vrai, grand, idéal, justice, poésie!
> De ces splendides fleurs, chacun sarcle son champ.
> C'est pourquoi, dans ce monde imbécile et méchant,
> Il est bon que parfois un geste de démence
> Vienne en renouveler l'immortelle semence.
> Vous insultez ce fou! Vous lui crachez au front.
> Qu'importe! il a semé. Les fleurs refleuriront.

Lorsque, dressé sur son lit de mort, l'acteur Leloir, drapé dans sa couverture, déclame, sur le théâtre de la Comédie-Française, ces vers de Richepin, « il a cent coudées et on l'acclame », s'écrie Mme Jane Misme, critique théâtral de l'*Action*, journal peu suspect cependant de vouloir nous ramener aux temps de la chevalerie!

> Beau, vrai, grand, idéal, justice, poésie!
> De ces splendides fleurs

cessons de sarcler notre champ; gardons-nous, sous couleur

de faire de notre peuple un peuple pratique, de combattre les
nobles sentiments que la nature et l'atavisme ont incrustés dans
l'âme française. Ces sentiments généreux, loin d'être pour nous
une cause de faiblesse, feront au contraire notre plus grande
force, à la condition toutefois que nous mettions au service de
notre âme ardente de dom Quichotte des nations, non pas l'esprit
brouillon et nuageux du héros dément de Cervantès, mais la
claire mentalité française, la vue perçante de nos cavaliers légers
qui, au lieu de les prendre pour objectif, savent se servir des
moulins à vent pour masquer à l'ennemi leur marche d'approche,
afin de le mieux surprendre et le mieux culbuter.

« Les Français, nous dit Marmont, valent dix fois leur nombre
avec un général qu'ils estiment et qu'ils aiment. Ils sont au-dessous de tout avec un général qui ne leur inspire ni estime ni
confiance. »

Nous sommes comme citoyens exactement ce que nous sommes
comme soldats, et l'aphorisme de Marmont devrait être affiché
dans la salle où nos gouvernants tiennent leurs conseils afin de
leur apprendre que, se fussent-ils, par des agencements savants
de blocs par les marchandages de couloirs les plus roublards et
les plus cyniques, assurés dans les Chambres une majorité écrasante, ils ne pourront plus rien tirer de la nation le jour où,
ayant perdu son estime et sa confiance, ils l'auront mise dans
l'état de ces malades qui n'expriment plus qu'un désir à leur
entourage, c'est qu'on les laisse mourir en paix.

Cette attitude affaissée de moribond, bien des fois au cours de
l'histoire ses gouvernants l'ont donnée à la France. Déjà à la fin
des règnes de Louis XV, de Napoléon Ier, de Napoléon III, ses
ennemi sont escompté sa succession. Toujours, grâce à ses merveilleuses facultés de réaction, elle a trompé leur attente.

Puisque notre vitalité surprenante nous a permis, non seulement de traverser sans sombrer des crises aussi sanglantes que
celle de la Terreur, aussi aveulissantes que celles du Directoire,
mais encore d'en sortir plus forts et comme rajeunis, cela ne
prouve-t-il pas à l'évidence que, lorsque notre nation paraît
tombée, comme dit Treischke «dans une décadence définitive»,
ce n'est là qu'une apparence?

Que ce n'est pas elle qui est moribonde, mais seulement le régime qui l'a conduite là?

Encore une fois aujourd'hui, de cette apparence, des écrivains étrangers, à l'esprit béotien, au jugement lourd, au tempérament dénué de ressort qui nous mesurent à leur aune, cherchent à s'emparer pour faire croire au monde notre disparition prochaine. Ne nous en troublons aucunement, mais hâtons-nous seulement de réaliser chez nous l'union libératrice et féconde qui, pour le plus grand bien de l'Europe et du monde, doit rendre son rang à la France.

Cette union faite, nous pourrons écouter en souriant tous les Treischke de la terre proclamer partout notre « décadence définitive », et penser de cet injurieux concert ce que disait un jour Voltaire de certaine musique d'amateurs : « C'est là un bruit évidemment désagréable, mais qui, fort heureusement, ne sent rien ! »

A Merci aie (¹) !

---

1. Pourquoi, au lieu d'un nom, le lecteur trouve-t-il ici une devise? — Afin de lui permettre de juger l'œuvre sans la moindre préoccupation de l'ouvrier. — Pourquoi celle-là? — Parce que, signifiant à la fois : « Mets ton adversaire à ta merci » et « Fais grâce au vaincu », elle a plu à l'auteur à double titre ! (*Note de l'auteur.*)

Berger-Levrault, Nancy. — 28.